Focus

Focus

財經趨勢專家謝金河觀察中國 40 年，
深度解讀美中台三方關係，剖析世界政經局勢

變調的中國夢

謝金河
著

Contents

Part 3
斬獲——福爾摩沙浴火重生

【後記】

【序曲】

三十年河東，三十年河西

1978年12月16日，美國總統卡特宣布，將於隔年1月1日與中華人民共和國建立外交關係，同時終止美國與台灣的《中華民國與美利堅合眾國間共同防禦條約》。

兩天後的12月18日，中國共產黨第十一屆三中全會結束後，鄧小平開始實施一系列以經濟為主的改革措施，這就是著名的「改革開放」。當時就讀政大企管系的我深信，擺脫文革禁錮後的中國將會風生水起。為了進入政大國關中心閱讀當年的禁書，我決定報考政大東亞研究所。

後來，我真的目睹了中國展翅高飛的大時代！

走資本主義道路，成為世界工廠

1980年代，台灣政經體系遭受十分巨大的衝擊，黨外運動亦如火如荼地開展。在政治上，台灣完成重大的民主改革；在經濟上，則是迎來一個「錢潮淹腳目」的時代。十信風暴在1985年爆發，台股最慘跌到636點，當時美日簽下《廣場協議》（Plaza Accord），日圓開始步上大幅升值之路，台幣也跟著日圓緩步升值。

1986年，邱永漢先生在《財訊》社論上寫了一句話，直到今天我的印象仍然很深刻：「無論景氣好壞，股市與房市將繼續漲升！」那時台股剛從千點起跑，房地產處於低檔，這句話讓我覺得不可思議。當時的景氣那麼差，再加上十信風暴帶來的擠兌潮，台灣政經情勢根本只有一個「亂」字可言。

沒想到，台幣升值帶來熱錢效應，台股居然在短短幾年內奔向萬點，房地產大漲至少10倍，這是我踏出校園步入社會後親眼目睹的奔騰時代。當年日本的日經指數從6000多點漲到38957點，日本人買遍世界，直到泡沫吹破為止。

整個80年代就在1989年中國爆發天安門事件後踏上了轉折點：國際輿論全都看壞中國，卻給台商逢低切入的大好機會。90年代初期，鴻海、康師傅、旺旺、寶成、正新等企業都在中國另起爐灶，這是他們建立龐大基業的起點。

1990年，台股炒到12682點前夕，許多公司的股價高不可攀，三商銀股價更是炒到千元以上，市值居然超過香港匯豐銀行。台灣吹起這麼大的泡沫，當然給了敏感的企業人士「西進」的機會。

從1978年改革開放到1992年鄧小平發表南巡講話，中國經濟從初升段邁向主升段。接下來，在江澤民和胡錦濤接近「走資」（走資本主義道路）的領導下，國際資本大量湧入中國，每年進入中國的「外國直接投資」（FDI）都超過千億美元，使得這個國家挾著人口優勢，搖身變成世界工廠。2001年加入世界貿易組織（WTO）之後，中國經濟進一步脫胎換骨，阿里巴巴與騰訊等網路巨頭紛紛崛起，在商業世界捲起一波又一波的巨浪。

天安門事件後，中國迎來二十多年快速發展機遇；然而，如此過度的「走資」，也帶給習近平藉「反貪腐」掃蕩政敵、建立極權領導的空前機會。

習近平吹起反貪腐號角

江澤民和胡錦濤主政下的二十年若是中國經濟的主升段，那麼，從2012年習近平掌權以來所吹起的反貪腐號角，可能就是中國經濟的末升段。我從三個面向觀察這個細微變化：

首先是中國經濟已從低基期走向高基期。例如鴻海於1990年代至廣東深圳龍華設廠，平均工資大約300至350人民幣，如今已攀升到5000至7000人民幣。在工資與地價等生產要素成本不斷上漲的壓力下，各大企業紛紛尋找更廉價的生產基地，世界工廠的角色逐漸轉變。

其次是中國的招商態度產生變化。從90年代起，中國奮力「招商引資」，各省市首長和書記賣力招商。2000年前後，我曾參與一位大老闆在企業總部迎接南京市前市委書記楊衛澤的晚宴，當晚排名台灣前50大企業的老闆幾乎到齊，可謂盛況空前。但是，到了習近平的反貪腐年代，連應酬交誼都受到限制，中國招商的熱情熄火了，台商地位也大不如前，慨嘆不如歸去的更是大有人在，這是投資心態的重大轉折。

最後則是世界局勢的大轉變。歐美國家原本以為，一旦中國經濟發達，就會逐漸步上民主化，成為維繫世界和平的重要成員。因此，世界各國在過去三十年協助中國發展經濟，這也是美國引中國進入世貿組織的重要初衷。萬萬沒想到的是，習近平在2017年開始大喊「中國夢」，高喊「厲害了，我的國」「中國製造2025」和「一帶一路」，大家才發現習近平正引領中國走向霸權之路，這也印證了美國國防部顧問白邦瑞（Michael Pillsbury）在《2049百年馬拉松》（*The Hundred-Year Marathon*）一書中持續向西方世界發出的警告。

2018年，美中貿易戰開打

2016年11月，川普在世人驚訝聲中贏得美國總統大選。當習近平於2018年3月取消國家主席的連任限制後，川普開始發動針對中國的貿易戰，美中角力就此揭開序幕。

貿易戰開打後，美中從原本的夥伴關係轉變成競爭態勢，2020年一場蔓延全球的疫情更是火上加油，激化兩國走到翻臉為敵的地步。兩大強權的攤牌改變了未來世界的命運，這是中國經濟的重大轉捩點，國家命運的轉折很可能就此發生。

中國經濟快速奔馳了三十年，經濟產值已超過100兆人民幣，不僅超越英、德，趕上日本，更直追美國。然而，中國的經濟增長來自房地產增值，含金量並不高，光是美國在貿易戰中針對華為祭出半導體限購令，就讓中國吃足苦頭。

更嚴峻的挑戰還在後頭。這些年中國力撐經濟，無限量超支擴大信用，負債比率屢創新高，國企與民企債務不斷攀高。雖然國家仍有高度掌控力，但只要累積太久，撐得太大的泡沫終有一天會像日本那樣爆破，這才是中國未來所面臨的最大挑戰。

而且，中國經濟基期高，招商引資早已成為過去式，以往魚貫進入中國的外資爭相逃竄，COVID-19疫情更逼得許多國家被迫選邊站。這番景況讓大家意識到生產基地不能完全放在中國，一場產業大遷徙於焉展開。

台商也被捲入這場大遷徙中，他們在1990年代以「上花轎」的心情歡欣投資中國，成為中國經濟奔馳年代的最大受益者。現在，全世界外資開始撤離中國，台商亦不例外，跟著外資加速離開。他們不僅蜂擁登記回台、加碼投資台灣，更積極投資東協市場，布局之深廣令人難以想像。

三十年前，台灣經濟反轉向下，資金快速流向中國，造成產業空洞化、人才出走與低薪的窘境。現在情勢倒轉過來，中國經濟基期高，蟄伏三十年的台灣正是「逢低進場」的好地方。再加上美中冷戰促使美國全力加持台灣，過去在美中夥伴關係架構下慘遭邊緣化的台灣，終於扭轉情勢，巨變從中產生。

疫情肆虐全球期間，台灣防疫有成，建立了國家主體意識，人民逐漸對國家產生信心。而在全球貨幣競相貶值的情況下，台幣屹立不搖，兌美元一直挺在30元以下，似乎又重回1980年代台幣升值的順境中。此外，台灣產業開始擺脫「毛三到四」（毛利率3%到4%）的代工模式，逐漸形成高附加價值聚落，眾多IC設計公司的毛利率都從四成起跳。更重要的是，諸如亞馬遜、谷歌、微軟、蘋果、臉書等高科技大企業競相投資台灣，台灣前景逐漸透露光明！

俗話說：「十年河東，十年河西。」而今海峽兩岸的情勢，亦可謂之「三十年河東，三十年河西」。歷史的巨大轉折不僅讓人興起「大江東去」之嘆，更激起對於未來的無限想像空間。

變調的中國夢

時空回到2012年11月29日，甫上任的中共中央總書記習近平參觀國家博物館《復興之路》展覽時，首次提出「中國夢」：「實現中華民族偉大復興，就是中華民族近代以來最偉大的夢想。這個夢想，凝聚了幾代中國人的夙願，體現了中華民族和中國人民的整體利益，是每一個中華兒女的共同期盼。」

到了2013年3月17日，中國第十二屆全國人民代表大會第一次會議中，新上任中國國家主席的習近平更是提到九次「中國夢」。同年6月8日拜訪美國時，他也向歐巴馬表示：「中國夢就是國家富強、民族振興、人民幸福。它也是合作、發展、和平、共贏的夢，這與美國夢和各國人民的美好夢想是相通的。」

然而，在「國家富強」的主旋律中，這個「合作、發展、和平、共贏的中國夢」卻逐漸變調，也無法與「各國人民的美好夢想」相通。習近平開始展露稱霸野心，日益強大的中國四處獵巫，戰狼外交全面啟動：

- 從韓國女子偶像組合TWICE的台灣籍成員周子瑜，貼出一張床頭帶有中華民國國旗的照片，就被迫唸稿承認自己是中國人；到蔡英文過境洛杉磯時，應85度C員工要求在吉祥物抱枕簽名，導致公司遭打壓為台獨企業……
- 從德國戴姆勒公司在一則廣告中引述達賴喇嘛的名言，被迫下架廣告並鄭重道歉；到中國脅迫全球民航公司不得將台灣列為國家，否則取消航權……
- 從NBA休士頓火箭隊總管莫雷（Daryl Morey）以個人推特聲援香港抗爭，引爆中國央視帶頭反制美國職籃；到全球各大服飾品牌聲明拒用新疆棉，引發中國人民全面抵制……

戰狼外交確實恫嚇了全世界，卻也產生反效果。一開始，世界各國垂涎龐大的中國市場，大多噤聲不語；現在美國挺身而出，越來越多國家敢向中國說「不」了。最顯著的改變，就是美國皮尤研究中心（Pew Research Center）於2020年10月調查14個發達國家對中國的印象，負面印象皆超過60%。其中日本對中國的負評高達86%，瑞典高達85%，澳洲高達81%，美國也達到73%，這些數字再再呈現世界各國對中國四處獵巫的反感。

短短不過八年，習近平曾經自詡的「合作、發展、和平、共贏的中國夢」，徹底變調！

美中新冷戰

自從1978年決定報考東亞所起，四十四年來，我認真關注中國政經情勢，見證中國崛起的大時代，也目睹中國當前的命運轉折。

這個看似美好的中國夢，究竟是如何幻滅的？

意圖稱霸與戰狼外交確實是部分因素，美中貿易戰和百年大瘟疫更是加速幻滅的催化劑。為了協助更多人瞭解這個關鍵時刻，我爬梳了美中貿易戰以來，有關全球政經情勢與美中台三方的深入觀察，整理成各位讀者手上的這本書。

這是一段動盪的歷史，世界各國不僅被美中冷戰牢牢牽動著，更為席捲全球的疫情所苦。而在這場動盪尚未平息之際，俄羅斯總統普丁也不甘寂寞，於2022年伊始下令揮軍烏克蘭，將詭譎的國際情勢擾動得複雜難辨。

整個世界被困在團團迷霧中，到底會怎麼走，似乎也只能繼續看下去，一邊觀察，一邊參透。本書是這段動盪歷史的紀錄，期盼它能帶給讀者更多啟發，協助大家撥雲見日、看清國際局勢，並且更加珍惜台灣這座美麗的寶島。

Part 1

開火——

大洋兩岸角力對決

01 名為貿易戰，實則科技戰

貿易戰開打的第一年，美國對中國設下層層防堵柵欄，
從中興通訊差點窒息、華為孟晚舟事件，
到美國國務卿蓬佩奧為了防堵華為密訪歐洲諸國，
起訴多起中國商業間諜案，禁止中國移動在美發展業務，
美方下手越來越狠。

川普在2017年1月進入白宮後，一開始對中國相當友善，甚至多次聲稱習近平是「我的好朋友」，兩國也未見惡言相向。然而，從現在回頭看，2017年其實是一場巨變的轉折點。

2012年11月，習近平被選為中共中央總書記、中共中央軍委主席，接替胡錦濤成為中華人民共和國第五代最高領導人，並於2017年10月連任。這是他的第一個任期，中國民族主義高唱入雲。

當時，有幾個口號喊得震天價響，除了「厲害了，我的國」和「一帶一路」，還有「中國製造2025」和「彎道超車」。這些象徵大國崛起的口號隔山震虎，終於驚醒了美國。因此，川普入主白宮的第一年，就必須思考應對中國崛起的戰略。

諸如班農（Steve Bannon）和納瓦羅（Peter Navarro）這些重要策士，不斷地向川普釋放強烈訊號。他們告訴川普，中國從美國偷走了技術，也讓成千上萬美國人失業，提醒川普要開始面對美中失衡的問題。

習近平於2018年3月11日取消國家主席連任限制，是促使美中關係走向分歧對立的最後一根稻草。這項重大抉擇，改變了前領導人鄧小平生前的兩大訓示：一是韜光養晦，絕不強出頭；二是國家領導人任期兩任，於第二任期時選出隔代接班人。從此，中國進入集權領導體制，而美國也同時祭出針對中國的貿易戰。從貿易戰到科技戰，這是美中角力最重要的擂台。

波瀾起伏的貿易談判

就在習近平取消連任限制10天後，川普於2018年3月22日宣稱「中國偷竊美國智慧財產權和商業祕密」，要求美國貿易代表針對中國進口的商品徵收關稅，涉及商品估計達600億美元。

這場貿易戰可說是一波未平一波又起。首先是當年7月6日，美國祭出第一波加稅，針對價值340億美元的中國商品加徵25%關稅，並於8月23日再增加160億美元。第二波加稅則在9月24日，針對2000億美元的中國商品加徵10%關稅。對此，中國也分兩次針對600億美元的美國商品加徵25%關稅。

後來，在當年12月1日舉辦的20國集團（G20）峰會上，美中兩國元首討論經貿問題並達成共識，宣布雙方暫停採取新貿易措施，同時設定了三個月談判期限。時序即將邁入2019年，美中貿易戰看似峰迴路轉，即將達成川普口中美好的「交易」。

2019年3月中旬，白宮首席經濟顧問庫德洛（Larry Kudlow）公開讚揚貿易代表萊特海澤（Robert Lighthizer）正在創造奇蹟，暗示美中正邁向一個歷史性協議。

該協議長達150頁，庫德洛透露了其中幾項重點：一、兩國在非關稅壁壘取得更大進展，如大豆、能源、牛肉等各項商品關稅。二、中方承諾進行關鍵性改革，防止美國的知識產權被盜取。三、中方承諾大幅削減國企補貼。四、中方承諾匯報對外匯市場的任何干預，包括人民幣的賣出與買入狀況。五、中方不再強調「中國製造2025」，不再推行新興技術強奪市場主導地位的計畫。六、如中方同意協議內容，3月下旬將在海湖莊園舉辦川習會簽署協議。

針對這幾項重點，美方自認十分樂觀，將會達成歷史協議，但是對中國而言，每一項其實都是重大考驗。例如，保護知識產權就是一個不可能的任務，像華為創辦人任正非接受外媒訪問時，就曾不經意說出：「知識產權是普世價值。」過去數十年來，中國經濟發展迅猛，憑藉的正是以政府之力「駭取」高科技機密，再以技術換市場和國企補貼等手段，達成彎道超車的目標。

這份協議如同要中國放棄過去四十年崛起的命根子，更何況，其中有一項要求中方匯報外匯市場的任何干預，宛如命令中國清楚向美方交代外匯操作。這是傷害主權的行徑，中國絕不可能接受！

於是，看似和緩的美中關係再度生變。當年5月5日，川普在推特預告，他將針對價值2000億美元的中國商品開徵25%關稅，全球金融市場大感震撼，紛紛出現跌勢。5月10日中午，貿易談判確定破裂，川普如期宣布開徵25%關稅，美中關係生變已成定局。

負責談判的萊特海澤是雷根時代的副貿易代表，1985年的《廣場協議》正是其代表作。中國在2001年加入世貿組織時，全世界都樂觀其成，認為中國經濟將快速發展，最後會成為民主開放國家。當年唯有萊特海澤強烈反對讓中國加入，他的預言後來幾乎成真。

萊特海澤認為，中國將威脅美國的存亡，就跟1980年代日本的威脅一樣。在他眼中，北京當局是無情又貪婪的經濟掠奪者，關稅則是對付中國的必要手段。當這名超級鷹派成了美中貿易談判的主帥時，談判破局已是預料中事。

貿易戰只是表象

庫德洛拋出協議內容後，川普不斷地在推特發文「即將達成協議」「我們與中國即將達成完美交易」，似乎低估了中方可容忍的底線。其實，知名評論家范疇當時即已透露，美中貿易戰必須分四個層次來看：最底層是關稅貿易戰，對商品課稅只是手段；再往上升級是經濟行為規範戰，包括中國必須開放市場、保護知識產權、暫停國家補貼與市場換技術的手段，這才是美中貿易戰真正的深水區。

不過，這只是第二個層次，再往下走就是科技戰了。貿易戰開打的第一年，美國對中國設下層層防堵柵欄，從中興通訊差點窒息、華為孟晚舟事件，到美國國務卿蓬佩奧（Mike Pompeo）為了防堵華為密訪歐洲諸國，起訴多起中國商業間諜案，禁止中國移動在美發展業務，美方下手越來越狠。

於是，中國在美國的投資也幾乎停滯了。2016年，中國在美國的直接投資高達4660億美元，2017年已降到290億美元，2018年僅剩50億美元。美國「外資審議委員會」（CFIUS）甚至加大力度，將外資嘗試購買美國新創企業股權也列入調查範圍。因此，中資已避開人工智慧、網路安全等敏感技術在美國的投資。

5G通信系統是霸權爭奪戰的延伸，不僅是晶片，每個環節都能用來發展間諜功能。川普上任前，美國對5G發展不以為意，後來發現華為彎道超車後就開始急了，於是發展5G新應用成了國家大事。

再往下延伸，則是美中霸權爭奪戰，也就是大家熱烈討論的「修昔底德陷阱」（Thucydides Trap，當現有強權的霸主地位遭受新興強權威脅時，就有爆發戰爭的極高可能性）。從蓬佩奧拿中國的野心和俄羅斯、伊朗相提並論，即可看出這一點，他認為中國「構成一種新型態的挑戰」，變成「融入西方經濟的極權政體」。因此，未來美中將因競逐全球霸權而引發對峙，並牽動亞洲的朝核問題、南海問題、甚至台灣問題。

中國正透過島礁軍事化將南海納為己有，美方感到十分憂心；而在台灣問題上，美中徹底翻臉攤牌，更是深深影響台灣的未來。這些年來，美國在台協會於台灣置產，重量級官員頻頻來台訪問，美國軍艦多次穿梭台灣海峽，再加上國會全數通過《台灣旅行法》（Taiwan Travel Act）與《台灣保證法》（Taiwan Assurance Act of 2020），確實可看出美方對台灣加持的力道。

對於美中貿易戰風雲再起，中國官媒《環球時報》痛斥美方誤判情勢，完全低估中方對貿易戰的承受力。新華社則表示，儘管美國霸凌中國，但中國已非軟柿子。

從貿易戰到科技戰，台灣在不知不覺中被推上浪頭；尤其是科技戰，台灣半導體產業成了最重要的供應鏈。在新經濟時代，所有的運算都要使用最先進製程晶片，台積電搖身變成地緣政治下最重要的企業，台灣也成了半導體最重要的生產基地。再加上川普制裁華為與中芯，使得台灣的半導體製造地位更形重要；就連蟄伏已久的聯電，也因八吋廠需求熱絡而恢復雄風。

這一場戰役可能持續很久，不論正面負面，對台灣的衝擊絕對很大！

三件大事揭開序幕的那一天

2018年12月1日，同時發生了三件大事，為美中科技冷戰揭開序幕。

這三件大事背後的關聯性只有一個：半導體！

第一件大事是，加拿大皇家騎警根據美國的臨時引渡請求，逮捕了華為公主孟晚舟，罪名是陰謀實施詐欺，以規避美國對伊朗的制裁。貿易戰開打以來，美國對華為的制裁已到了堅壁清野的地步，使用美國技術的晶片在2020年9月15日就完全停售，華為智慧型手機日後的命運引發眾人高度關注。孟晚舟遭拘禁於加拿大期間，父親任正非雖全力搶救，卻始終使不上力，美國對華為的壓力有增無減。直到2021年9

月24日，美國司法部與孟晚舟達成延期起訴協議，孟晚舟才得以回到中國。

第二件大事是史丹佛大學教授張首晟離奇自殺，他是列位中國「千人計畫」[1]最重量級的學者，這起事件對華人世界的衝擊相當大。張首晟自殺後，美國對技術保護全面戒備，中國留美學者的行動開始受限，而眾多設在美國的中國研發基地也全部喊停。其後的影響是，過去幾年喊得最大聲的「彎道超車」，這兩年的聲量已減弱很多。

第三件大事，則是荷商艾司摩爾（ASML）預計出貨給中芯國際的EUV光刻機離奇遭到焚毀。艾司摩爾和美商應用材料（Applied Materials）是全球兩大半導體設備製造商，但艾司摩爾掌握先進製程設備EUV，市值遙遙領先應用材料。這種EUV是半導體進入七奈米、五奈米和三奈米最重要的配備，一部機台的價格高達1.5億美元。

既然中國傾全國之力發展半導體產業，美國國務院當然會施壓艾司摩爾不得出售先進設備給中國，就連美國駐荷大使也提醒荷蘭當局：某些敏感科技，不該屬於「某些地

1 編按：「中國海外高層次人才引進計畫」的簡稱。由李源潮推動實施，李源潮時任中國共產黨中央政治局委員、中央書記處書記兼任中央組織部部長，該計畫目的是「從2008年起用五至十年時間，在國家重點創新項目、重點學科和重點實驗室、中央企業和國有商業金融機構、以高新技術產業開發區為主的各類園區等，引進2000名左右人才並有重點地支持一批能突破關鍵技術、發展高新產業、帶動新興學科的戰略科學家和領軍人才回國創新創業」。

方」。

同一天發生三件相互關連的大事，怎麼看都巧合得離奇；怎麼看都是大時代變化的轉折點。多年以後，歷史將會證明這一點！

02

川普掀起的美中新冷戰

種種跡象顯示，美中角力不會隨著貿易戰和緩而降溫，
科技冷戰與人權法案的政治角力將持續進行，
這是全球必須謹慎面對的新變局。

《紐約時報》（*The New York Times*）專欄作家佛里曼（Thomas Friedman）曾說過一句話：「川普或許不是美國應得的總統，但絕對是中國應得的美國總統！」用這句話來解讀美中關係，相當精準又精彩。

佛里曼屢屢批判川普的政策，但是當他親自考察美墨邊境築牆後，就逐漸認同川普。美中貿易戰開打後，他完全站在川普這一邊，肯定川普對中國的強硬。

佛里曼認為，當中國崛起壯大到足以威脅美國的地位時，就要重建美中關係新架構。貿易可以雙贏，但只要其中一方在努力工作的同時還一直作弊，輸贏就會出現巨大變化。當貿易只關乎玩具和太陽能板時，還能視而不見；然而，若貿易關乎F35隱形戰機和5G電信網路時，就不能不計較了。

從2000年迄今，中國鎖定的國家政策扶植產業從沒失手過，足以殲滅其他同業，因為這些產業都有國家補貼，也擁有可供練兵的超大市場。在歐巴馬任內，這些問題已然浮現，但歐巴馬放任不管；直到川普上任，劍及履及的行動力加上靈活的談判手段，才完全掌握了主控權，打得中國左支右絀。佛里曼說川普是中國「應該得到」的美國總統，真的是「神解釋」！

暴風雨前的寧靜

2019年5月10日，美中貿易談判確定破裂，兩國關係全面攤牌。從當時發生的幾件事，可看出川普正在採取「聯合次要敵人、打擊主要敵人」的合縱連橫策略：

- 川普恐嚇墨西哥，若無法解決邊界移民問題，將對墨西哥加徵5％關稅。不過，一開始我就認為這是恐嚇牌，不會真正執行，因為美墨高度互補，是貨真價實的夥伴關係。果然，後來美國就宣布不課關稅了。
- 5月10日宣布針對價值2000億美元的中國商品加徵25％關稅後，川普第一個訪問的國家是日本，不僅和日本首相安倍晉三一起打高爾夫球，也得到德仁天皇親自迎接。他還看了相撲比賽，親自頒發一座重達30公斤的獎杯，這些動作象徵了美國與日本是夥伴關係。

- 為了紀念諾曼第登陸七十五周年，川普也前往英國與法國，同樣是在鞏固夥伴關係。雖然川普在英國的人緣不佳，到處都有人抗議，幾位競選首相的要角也刻意迴避他，英國女王卻與他相談甚歡。英美雖有矛盾，本質上仍是兄弟一家親。到了法國，總統馬克宏與川普一起欣賞諾曼第的彩虹，緬懷二戰傷痕，這也是夥伴關係。

至於太平洋的另一邊，則是習近平親訪俄羅斯，接受普丁頒贈的聖彼得堡大學榮譽博士，這是中俄雙方在積極經營夥伴關係。

中國國務院也沒閒著，特地召開記者會抨擊美方干預中國主權。同時，中國也準備打稀土牌，習近平特地參觀江西永磁生產線。另一方面，美國眾議院議長裴洛西（Nancy Pelosi）特地為天安門事件中隻身阻擋坦克的「坦克人塑像」揭牌。

美中雙方的種種動作揭露了兩國的敵對狀態，他們都在努力尋找各自的盟友。這些動作讓人嗅到「山雨欲來風滿樓」的氛圍，一場暴風雨似乎即將到來。

新冷戰風暴來襲

回到二次大戰結束後的場景：邱吉爾痛失英國首相大位，杜魯門總統回送溫暖，邀請邱吉爾訪美，並且安排他在1946年3月5日，於密蘇里州富爾頓市的威斯敏斯特學院（Westminster College）演講，講題是《和平砥柱》（The Sinews of Peace）。

邱吉爾說：「從波羅的海的斯德丁，到亞得里亞海的里雅斯特，一幅橫貫歐洲大陸的鐵幕已經降下。」這場有關「鐵幕」的演講被視為百年來最擲地有聲的演說，杜魯門也借著邱吉爾之口對蘇聯發動冷戰。隨著中國、北韓到中南半島紛紛赤化，這場冷戰越演越烈，持續到1980年代的雷根時期。

如果說邱吉爾的演講是掀起四十年冷戰的開端，如今回頭看，從2018年迄今，川普的副總統彭斯（Mike Pence）與國務卿蓬佩奧的演講，也具有異曲同工之妙。尤其是彭斯於2018年10月4日在哈德遜智庫（Hudson Institute）的演講，更被譽為繼邱吉爾的《和平砥柱》以來，最撼動人心的演說。

這場演說有兩個重點：一是指責中國介入美國政治，尤其是鼓動愛荷華州農民反川普；二是區隔了中國與中共。彭斯說，半個世紀來，中國人一直是美國人的好朋友，但中共是美國的敵人。這是美國政界首次有人公開挑明「中共是敵人」，為美中關係投下一顆震撼彈。

2019年的場景則是轉到威爾遜中心（Wilson Center），彭斯的演說重點有六項：一是痛斥中共極權專政，嚴重傷害維吾爾人權；二是聲明支持民主台灣；三是支持香港。接著話鋒一轉，後三點都與美國職籃有關。彭斯批評美國企業為利益跪舔中國，為市場向北京叩頭。他也批評職籃球星利用言論自由批評美國，卻對中國踐踏人權情事保持沉默。最後，彭斯也嚴厲譴責Nike，批評Nike向來以社會正義捍衛者自許，但當涉及香港問題時，卻將社會良知棄置門外。

為美中關係重新「定調」

除了彭斯，蓬佩奧的兩次演說也隱含深意。2018年12月4日，蓬佩奧在德國馬歇爾基金會（German Marshall Fund）演講時指出，美國將建立一個由美國領導的新世界秩序，不再接受中國、伊朗和俄羅斯違反多項條約及多邊協議的做法；也會採取行動，改革二戰後國際秩序基礎機構，如聯合國、世界銀行、北約、歐盟、國際貨幣基金和世界貿易組織等，這是美國重要官員首度發表改造聯合國機構的談話。

2019年10月30日，蓬佩奧在華府智庫傳統基金會（Heritage Foundation）發表演說，他加重語氣指出，北京當局敵視美國與美國價值，對美國和世界構成威脅。他提出警告，中國一心一意征服世界，外界應正視而非姑息，尤其是中國在貿易、人權以及對待台灣的行為上。

蓬佩奧也聲明，美國無意與中國對抗，而是希望看到透明競爭的市場導向制度，創造互利與互惠；不過他在結尾時話鋒一轉，指責中國運用脅迫和腐敗在治國，氣得中國外交部發言人華春瑩跳出來罵他是「小人」。華春瑩表示，中國是負責任的大國，從不窮兵黷武，也不唯我獨尊，「脅迫」的帽子扣不到中國頭上，反而很適合美國。當時在瑞士訪問的中國外長王毅也表示，對中國的抹黑攻擊，最終只會淪為街談巷議的笑料。

從川普身旁的兩位要角為美中關係重新「定調」，即可看出美中角力將從貿易戰場轉向全方位冷戰。當時美國智庫建議，美國經濟應局部與中國脫鉤，這包含四個重點：一、美國要避免在貿易談判中達成華而不實的協議，以免放鬆對中國的壓力；二、美國要限制技術出口中國，管制中國的資金與人員進出美國；三、加強與關係緊密的盟國在科技、貿易、投資的合作與情報分享；四、掌握人工智慧是未來戰爭勝負的關鍵。

從這四個建議延伸而下，可以想見美中新冷戰肯定與5G新科技有關。蓬佩奧不斷警告歐盟，勿讓華為協助建設5G。德國總理梅克爾（Angela Merkel）即表明，雖不主張孤立中國或華為，但是在5G建置上將採用更嚴格的標準。而遠在地球另一端的澳洲總理莫里森（Scott Morrison），也持續對中國滲透澳洲國會表達不安。

另一個主戰場，則是從人權角度延伸出的香港及新疆人權法案。川普簽署《香港人權與民主法案》（Hong Kong Human Rights and Democracy Act）後，香港問題更形複雜，因為這項法案要求美國國務院針對香港事務進行匯報。此事涉及香港自治，北京很難接受，因此重申維護國家主權的決心，強調不容外國勢力干涉香港事務。

衝擊更大的是《維吾爾人權政策法案》（Uyghur Human Rights Policy Act of 2020），要求總統於120天內向國會提交在新疆或中國其他地區侵犯維吾爾人權的中方官員，這將是美中新冷戰最為核心的焦點。中國駐英大使劉曉明接受英國廣播公司（BBC）訪問時，直指新疆再教育營是假新聞；他也辯解香港特首林鄭月娥並未施政失敗，一切都是外部勢力在香港操縱激進暴徒，破壞政府與民眾的對話。

種種跡象顯示，美中角力不會隨著貿易戰和緩而降溫，科技冷戰與人權法案的政治角力將持續進行，這是全球必須謹慎面對的新變局。

人類價值的最終選擇

短短幾年間，習近平從川普口中的「偉大領導人」變成「敵人」，眾人不免好奇：美中交火的最後結局會如何？全球經濟會出現什麼樣的演變？

大家都說川普善變，一下子推文要加碼，一下子喊停；一下子說他跟習近平是好朋友，一下子又說習近平是敵人……其實，他改變的都是戰術，戰略中心思想從沒變過。

在2016年競選總統的著作中，川普曾三次提到中國：

「中國經濟非常依賴我們，他們比我們更需要美中貿易，可是我們傻傻的，都沒有好好利用這一點。經濟學家預測，中國會在十年內取代美國，成為全球最大經濟體，那我們做了什麼來確保美國有能力與中國競爭？」

「有些人希望我不要把中國當成敵人，但他們就是我們的敵人。他們用低薪勞工摧毀我們好幾個產業，搶走我們好幾萬個工作機會，刺探我們企業的情報，偷走我們的科技，還刻意讓他們的貨幣貶值，我們該怎麼做？」

「我們要利用影響力改變現狀，將情勢轉變到有利於美國和美國人民的位置。第一步就是對中國人擺出強硬姿態，與中國周旋時，必須抬頭挺胸面對他們。然後，雙方應該坐下來好好談，討論如何讓兩國貿易更公平。」

一路看下來，美中貿易戰最後一定是人類價值的選擇，就像1930年代希特勒崛起，最後軍國主義和法西斯主義結盟，與民主國家展開戰爭，催生了第二次世界大戰。只要獨裁中國繼續壯大，必然會引發「全球人類關進鐵幕」的疑慮，展開人類生活體制與價值的決戰，這才是美中貿易戰最深層的問題。

03

金融戰與經濟制裁

假如美方真的對中國封閉資本市場，阻止中資企業在美籌資，
徹底攤牌的金融戰將會正式展開。
除了中資企業赴美投資之路被堵，
相關指數的數十億美元投資市場也會遭受影響，
最後就是大大削弱近年中國走向國際市場的步調。

就在美中新冷戰打得如火如荼之際，2019年9月27日美股盤中，突然傳出一則敏感的外電報導。報導中指出，為避免資金流入中國，白宮正在思考限制美國投資組合基金流入中國的方法，包括讓中資股在美國的股票交易所除牌下市，並且限制美國政府基金投資中國。這篇報導指證歷歷，川普已同意展開討論，調整美國股票指數納入中資股的比重。

根據外電指稱，白宮可能採行三種做法：一是告知交易所，直接將中資股除牌；二是要求明晟（Morgan Stanley Capital International，MSCI）和富時羅素（FTSE Russell）等國際指數公司，剔除指數中的中資股；三是美國政府養老基金不再投資中國資產。這三項傳聞似乎都很具體，財經頻道

CNBC（全國廣播公司商業頻道）更是大力放送這則消息。

結果，這則消息立即重創在華爾街上市的中資股。市值最大的阿里巴巴下跌5.15%，百度下跌3.67%，京東下跌5.95%，攜程網下跌2.65%，網易下跌4.63%，拼多多下跌4.2%，蔚來汽車下跌10.71%，愛奇藝下跌4.1%。這些都是大家熟悉的中資企業，股價跌得投資人哀鴻遍野。

從科技戰升級到金融戰

如此一則未經證實的消息，居然在美國股市引發巨大的蝴蝶效應，阿里巴巴下跌9.02美元，市值一天就蒸發234.88億美元，可見殺傷力有多大。市場高度關注外電報導中這三項傳聞，畢竟三者茲事體大，照理而言，可行性與可信度不會很高。不過，既然川普都敢針對中國商品課徵25%甚至30%的關稅了，美中雙方從科技戰進一步打到貨幣戰與金融戰，也不是不可能。

雖然美國財政部發言人克勞利（Monica Crowley）向《彭博社》（*Bloomberg News*）表示，「目前政府並未考慮阻止中國企業在美國境內證券交易所上市」；然而仍有消息來源指出，川普團隊正在討論此事的可行性，顯然有人故意把消息透露給媒體。

其實早在一個月前，花旗經濟學家羅哈斯（Cesar Rojas）即已在專文〈美國最極端的潛在報復：阻止中國進入美國金融市場〉中指出，只要通過法案，把違反美方會計與監管法規的外國企業從美國證交所除名，勢必對目前在美國掛牌的中資企業產生重大影響。

此外，投資顧問機構Asymmetric Advisors駐新加坡市場策略師安瓦札德（Amir Anvarzadeh）也說：「這顯然增添了一層不確定性，不利於即將到來的美中貿易談判。美方若是這麼做，將迫使中國企業在香港和中國本土重新掛牌，對於未來國際金融的影響恐將十分巨大。」

根據當時的統計，在美國掛牌的中國企業有156家，市值高達1.2兆美元，光是阿里巴巴在股價大跌後市值仍有4353億美元，占中資股三分之一市值。其實，阿里巴巴在2019年6月就已宣布回香港第二上市[2]，預計籌資100億美元。無奈屋漏偏逢連夜雨，回港上市的計畫居然碰上反送中抗爭，港股當年前三季首度公開上市的數量大跌38%，阿里巴巴只好暫緩在港上市的腳步。

自從貿易戰開打以來，已有中資股從美股下市，第一個宣布下市的就是中芯半導體。中芯是中國最大半導體廠，也是中國官方全力扶植的晶圓代工廠，它在紐約交易所上市15

2　編按：指一家公司在兩個或以上的交易所上市。

年，成交量變化不大。2019年5月，中芯選擇在敏感時刻從美國退出，就是為了避免美國制裁，專注在中國發展。

所以，假如美方真的對中國封閉資本市場，阻止中資企業在美籌資，徹底攤牌的金融戰將會正式展開。除了中資企業赴美投資之路被堵，相關指數的數十億美元投資市場也會遭受影響，最後就是大大削弱近年中國走向國際市場的步調。

儘管那斯達克在媒體報導白宮有意封殺中資企業時立即表明，對於所有符合上市要求的企業，都會提供非歧視與公平准入的機會，因為這是美國交易所遵循的法定義務。然而從資本市場的形勢來看，中國企業進入美國資本市場的家數與總量，遠遠大於美國企業到中國掛牌上市的家數；而且相較於貿易總量的比率，這個數字更加懸殊。

因此，把中資企業從美國資本市場趕出來，應該是白宮重要策士的一項計謀；一旦端上檯面，影響層面非同小可，將會開啟一場可怕的金融戰。

不戰而屈人之兵

多年來，中資企業循著美國企業成功模式，快速在美國市場籌資上市，一度是全球投資人追逐的焦點。2018年之前，投資人都覺得中國市場很大，成功率很高，促使中資企業在美國掛牌都能得到熱烈回響。

然而隨著美中貿易戰開打，中資企業的吸引力逐漸下降。例如過去被投資人追捧、坐穩中國搜尋引擎龍頭的百度，股價最高漲到248.22美元，市值一度高達990.62億美元，在美國掛牌的中資企業中名列第二，僅次阿里巴巴。然而百度在2019年業績不佳，驚傳虧損，股價一度慘跌到93.39美元，市值剩下305.5億美元。猛烈急跌的股價自然也傷了創辦人李彥宏的形象，甚至在當年7月的某個演講場合中，突然被聽眾淋了一瓶礦泉水。對照美國搜尋引擎龍頭Google（母公司Alphabet）當時高達8494.77億美元的市值，太平洋兩岸搜尋引擎龍頭的表現簡直天差地別。

《孫子兵法》提到：「不戰而屈人之兵，善之善者也。」這種最高明的用兵之道，充分展現在2019年9月27日那篇敏感的報導上。川普政府透過簡單的放話，就讓中資股全面暴跌，由此也看出中國經濟過度倚賴美國。貿易戰開打後，中國在許多領域面對越來越嚴厲的考驗，這次更是讓中資股扎扎實實上了一堂震撼教育。

從事後看來，美國確實沒有在那個時間點對中資企業下達逐客令，但市場投資人對中資企業卻更具戒心，逐步壓縮中資股的股價。

然而一年過後，美國參眾兩院依然在2020年12月2日通過

《外國公司問責法》（Holding Foreign Companies Accountable Act），並且在12月18日由總統簽署生效。這部法案要求，所有查核美國公開發行公司的國內外會計師事務所，皆應根據美國證券交易法規，向「美國上市公司會計監督委員會」（Public Company Accounting Oversight Board，PCAOB）註冊並接受監督。若有外國公司連續三年不配合PCAOB審查，將禁止該公司的證券在任何美國證券交易所掛牌交易。

直到2022年5月，美國證券交易委員會已匡列105家中資企業是準下市名單，這些企業都面臨從美國股市下市的危機，其中包括赫赫有名的百度、京東、中國移動、中國鋁業、蔚來汽車、百勝中國、東方航空、南方航空、拼多多、嗶哩嗶哩、騰訊音樂……等。

假如這些企業全部從美國下市，絕對是不得了的大事。其中最關鍵的，就是這些中資企業要不要接受美國的會計監理？要不要揭露財報？當然，若是正面看待，這也是中資股跟國際接軌的最佳時機。

美中金融戰越演越烈，雙方各自脫鉤。若是從大市值企業來看，美國企業一直往前，中國企業一直向後，這種現象對中國企業的全球競爭力傷害甚大。當貝佐斯和馬斯克開始啟動太空探險事業時，中國最聰明的雙馬（馬雲和馬化騰）卻形同被褫奪公權，這是何等巨大的反差與對比啊！

俄羅斯帶給中國的警惕

2022年2月，俄羅斯入侵烏克蘭，美國逐步對俄羅斯祭出二次大戰後最高規格的經濟制裁。這種血淋淋的制裁，看在中國眼裡真是心驚膽跳。對此，中國新文膽李光滿在微信公眾號發表專文，從七個面向探討中國該如何因應這樣的制裁：

- 李光滿指出，公用平台應該都是中立的，無論發生什麼事都不會改變。可是俄烏戰爭發生後，某些所謂的「公用平台」卻參與制裁俄羅斯，美國主導的「全球銀行金融電信協會」（SWIFT）更是立即將俄羅斯踢出去。一旦面臨戰事，這些公用平台全都變成戰爭武器，甚至成為決定戰局的關鍵因素，中國豈能不慎！
- 以前大家都認為，太空中的衛星很安全，但俄烏戰爭爆發後，立即有神祕駭客攻擊俄羅斯航天控制中心。戰爭已延伸到太空，而且一直在進行。
- 中國人普遍認為，西方國家的銀行比較安全，因為他們特別重視私有財產的神聖不可侵犯性。然而俄羅斯入侵烏克蘭後，西方國家立即凍結俄羅斯的海外資產，初估有8兆美元。李光滿說，中國人的海外資產至少有16兆美元，還有美債1兆美元；只要中美爆發衝突，西方國家一定會針對這些海外資產動手，中國能不引以為戒嗎？

- 瑞士是中立國，照理說資產存在瑞士應該萬無一失、絕對安全。但是，這次瑞士立即放棄中立原則，加入制裁俄羅斯的行列，請問中國人在瑞士存放了多少錢？
- 美國和西方集團的高科技公司全部宣布參與制裁俄羅斯，馬斯克的星鏈（Starlink）計畫也在其中。每個領域都對俄羅斯發動全面戰爭，針對俄羅斯的要害動手，中國還能不重視芯片自主的重要性嗎？
- 整個西方輿論變成一部針對俄羅斯發動輿論戰的機器，一旦中美爆發戰爭，中國能承受多大的抹黑報導？
- 包括體育、音樂、文化、藝術等許多不屬於政治領域的，現在都變成戰爭武器，成了殺人不見血的戰爭工具。

因此，李光滿呼籲中國政府，全面做好綜合性戰爭的準備。形勢越來越嚴峻了，不是山雨欲來，而是風暴已來。相較於俄羅斯，美國摧毀中國的意願和衝動更強烈！

我個人認為，從這場俄烏戰爭中，中國一定心生諸多深刻的感受和體會，尤其在金融戰爭與經濟制裁上。這些年來，中國不乏誇誇其談的大內宣，例如中國通信業觀察家項立剛最早說台灣科技業會崩潰，華為將稱霸全世界；又說中國的5G全球無敵手，華為的鴻蒙系統勢必席捲全球，中國芯片將主導世界。最後，都被證明只是「吹哨子壯膽」。

從貿易戰、科技戰到金融戰，李光滿倒是誠實地點出許多問題。而且，只要中國仍是侵略者，這些問題將一直存在，美中角力也不會停止！

04

一場疫情驚醒夢中人

一場百年大疫的爆發，搭配譚德賽的忘情演出，
喚起西方世界對中國滲透國際組織的擔憂。
山雨欲來風滿樓，繼美中貿易戰之後，
蔓延全球的疫情勢將進一步牽動國際新秩序！

過去三十年，幾乎所有商品都是「Made in China」。直到2020開年，COVID-19疫情席捲全世界，許多人終於開始對「中國製造」進行深刻反省，其中包括對極權、獨裁與專制曾經有過的一絲嚮往。

疫情蔓延兩年有餘，至今仍深深影響世界各國。早在武漢爆發疫情時，全球媒體就展開廣泛且深入的報導，大幅檢討中國的政治體制，並且預測這場疫情即將帶給全球經濟的撞擊。當時我就直覺，這很可能是中國崛起以來最嚴厲的政經考驗，或許會因此打開中國的政經黑盒子。

果不其然，當全世界於2022年逐步走上「與病毒共存」的後疫情之路時，最先爆發疫情的中國卻背道而馳，在最高領導人的堅持下，大步邁向清零道路。於是，從3月26日起，上海展開人類史上最強硬的封城措施，一如兩年前的武漢封城，再次震撼世人。

相較於2020年1月23日的武漢封城，這次上海和昆山封城的衝擊更大，因為全球供應鏈大受影響，光是台商企業就有161家宣布停工。習近平堅持清零的目標只有一個，就是要證明中國的疫苗效用與防疫能力比歐美國家更卓越，而且中國人民絕對信服領導。就像中國國家副主席王岐山所言，中國人光是吃草也能撐一年！

這場全民防疫運動，讓我想起毛澤東於1958年3月20日發起的「除四害運動」。大躍進時期，中共將蚊子、蒼蠅、老鼠、麻雀列為四害，四川率先響應，三年內打死1500隻麻雀，消滅8萬個鳥巢和35萬顆蛋。其後全中國展開滅雀運動，用盡各種方法消滅麻雀，直到當年11月，總共打死19.6億隻麻雀。

但後遺症隨之而來，麻雀消失造成害蟲大量繁殖，農作物被吃個精光。其後兩年，中國大鬧饑荒，超過2000萬人餓死，這絕對是一場人為的生態浩劫。如今，整整六十四年後，同樣是在3月，中國最高領導人再次發起一場全面除害運動，和毛澤東當年消滅麻雀如出一轍。悲慘的歷史再次重演，接下來出現的後遺症，或許將從此改變中國的命運！

輪番踩踏中國痛腳

疫情爆發初期，丹麥《日德蘭郵報》（*Jyllands-Posten*）於1月27日率先報導來自中國的新型冠狀病毒，同時刊出「病毒五星旗」（將五顆星星改成五顆病毒）。如此直接的影射，立即遭到中國駐丹麥大使抗議，認為這種圖案是在羞辱中國，並要求「《日德蘭郵報》和漫畫作者深刻反省，向全體中國人民公開道歉」。然而《日德蘭郵報》非但不道歉，幾天後甚至刊出「生物危害五星旗」（將五顆星星改成國際通用的「生物性危害」符號），加碼反擊。

接下來是英國《經濟學人》（*The Economist*）的封面故事，封面設計極具創意，讓地球戴上五星旗口罩，標題則是「How bad will it get?」（情況會有多糟呢？）這個畫面充滿想像空間，嘗試帶領讀者探索疫情衝擊下的未來世界。

再來就是德國《明鏡周刊》（*Der Spiegel*）接力演出，封面出現一名穿著防護衣的男子，頭戴防毒面具，正在看著手機。底下是一排黃色大字「Made in China」，上頭有一行小字「CORONA-VIRUS」，最下方一排字則是「當全球化成為致命風險」（Wenn die Globalisierung zur tödlichen Gefahr wird）。這幅令人印象深刻的封面暗示著：中國在過去三十年變成世界工廠，所有商品都Made in China，如今這個席捲全球的病毒也是Made in China，人類應該對全球化和中國製造進行深刻反省。

最後則是由美國《時代雜誌》（*TIME*）壓軸演出，直接在封面上讓習近平戴上口罩，口罩上面以英文寫著「CHINA'S TEST」，單刀直入探索這場疫情對中國的考驗。從丹麥、英國、德國橫跨大西洋到美國，這些媒體一家比一家還生猛有力，絲毫不怕得罪中國，輪番踩踏中國痛腳，踩得中國政府和網軍氣急敗壞。

最令人感到反諷的，則是林鄭月娥於防疫時戴上口罩。2019年在香港掀起的大規模反送中抗爭，促使港府於當年10月4日通過《禁止蒙面規例》，禁止市民在集會遊行時使用物品遮掩面部，戴上口罩從此變成犯法行為。沒想到短短半年後，全世界不僅在搶口罩，也都戴上口罩。從佛家角度看來，這場「現世報」來得可真快！

獨裁導致疫情失控

除了拿口罩和病毒大做文章，國際媒體也藉機檢討中國體制。例如《紐約時報》認為，習近平一人獨裁就是導致這場疫情失控的主因，而《金融時報》（*Financial Times*）、《日本經濟新聞》和《日經亞洲新聞》也都抱持相同的觀點。

過去三十年來，中國經濟快速奔馳，成為全球亮點，很多人因此認為，獨裁極權體制就是中國經濟成長的主因。此外，也有人拿極權體制與民主體制來對比，讚揚極權體制的決策速度較快，資源分配更有效率，民主體制反而太過嘈雜、效率太差。因此，中國一度成了極權體制的典範。

然而，這是因為中國走在經濟發展的上坡段，任何人皆能分享榮耀；一旦經濟開始走下坡，極權獨裁可能上演更多荒誕戲碼。

這場百年大疫會猛烈爆發，並且迅速席捲全球，就是因為2019年12月8日在武漢華南海鮮市場傳出了詭譎病毒，沒有中央指示的地方政府根本不敢公開，反而刻意隱瞞，甚至在農曆年前舉辦一場萬家宴。最後紙包不住火了，武漢宣布封城，但封城之前已有500多萬人逃出武漢，導致病毒擴散至全世界。

而且，雖然病毒源於武漢，中國政府卻堅持不能稱為「武漢肺炎」。為了去地方化，以避歧視之嫌，中國國務院聯防聯控機制發言人表示，這種新型冠狀病毒感染的肺炎應該稱為「新型冠狀病毒肺炎」，簡稱「新冠肺炎」，英文是「Novel Coronavirus Pneumonia」。

這些現象促使歐美國家開始檢討中國體制，國際媒體也用放大鏡檢視中國體制在疫情衝擊下的變化，同時喚醒廣大的中國人民思索中國未來的出路。

尤其是被視為「吹哨人」的李文亮醫師，最終不幸染疫病逝，引來全中國超過5億人在微信和微博上表達哀悼。看看李醫師留下的手札「中國不能只有一種聲音」，以及微博上出現的「中國需要言論自由」，種種現象皆透露出不尋常的訊息。

不過在當時流傳的某些影片中，也有許多中國人發出質疑與不平：在美國，流感造成的病逝人數遠遠高過新冠肺炎，卻沒有引發全球恐慌，這不是對中國的歧視嗎？

其實，最大的差別在於「機制透明度」。

武漢爆發疫情前幾個月，中國官方正式公布的死亡病例僅僅突破千人，大多數國家都不太相信這個數字。專門在美國爆料的中國商人郭文貴就說，這場疫情的死亡病例肯定超過150萬人，至少有5萬具屍體被直接焚毀。這些無法查證的消息四處亂竄，確實增添了群眾的恐懼，所以後來有超過60個國家針對中國旅客實施不同程度的入境管制，導致全球交通大亂。

中國政經體制的考驗正迎面而來，這是危機，也是轉機。長期被極權專制統治的中國人民，會不會在黑暗中迸出不同的聲音，值得拭目以待。

隱藏在國際組織背後的問題

疫情爆發初期，《聯合新聞網》刊登了吳介聲先生的一篇專文，標題是〈武漢肺炎敲響警鐘：中共滲透國際組織危及全球秩序〉。這篇文章寫得非常好，從世界衛生組織（WHO）談到國際民航組織（ICAO）、聯合國糧食及農業組織（FAO），再到國際刑警組織（INTERPOL），甚至到亞洲開發銀行（ADB）、國際貨幣基金組織（IMF）、世界銀行（World Bank）與世界貿易組織（WTO）。中國花了二十年用力經營，多數國際組織的實質影響力逐漸落入其手；即使執行任務的祕書長不是中國人，也都是親中國的代理人。的確，COVID-19疫情蔓延全球之際，世人皆目睹了WHO祕書長譚德塞（Tedros Adhanom Ghebreyesus）的應對態度，真是讓人大開眼界。

台灣人在WHO感到最義憤填膺的深刻一幕，就是2003年的世界衛生大會。當台灣媒體對著沙祖康說：「你們聽到台灣2300萬人民的需要嗎？」他竟然如此回應：「早就給拒絕了！沒聽到大會做的決定嗎？誰理你們！」

中國在WHO經營已久，上一任祕書長是來自香港的馮陳富珍，她在2006年上任、2017年卸任，任期長達十年以上，台灣再怎麼努力叩關都沒用。馮陳富珍卸任後，獲得中國頒贈獎章表揚，順勢把棒子交給衣索匹亞衛生部長出身的譚德塞。衣索匹亞長期接受中國經濟援助，譚德賽於疫情期間特別前往北京晉見習近平，那個畫面就像外邦前往北京朝貢。他不僅盛讚中國在防疫中分享資訊的努力，甚至大剌剌地表明，如果沒有中國這般努力的防疫表現，全球災情可能更慘烈。

為了討好中國，譚德塞一隻手極盡拍馬之能事，另一隻手則是努力打擊台灣。義大利在疫情爆發初期宣布與台灣斷航，就是因為WHO將台灣列為中國疫區的一部分。因此，許多人嘲諷WHO已在不知不覺中，變成CHO（China Health Organization）。

此外，與飛航情報有關的ICAO，也因祕書長是中國民航主管出身的柳芳，不僅阻撓台灣參加民航組織大會，甚至一併封鎖支持台灣入會的言論，引發國際議論。至於FAO，祕書長也是中國籍的屈冬玉；而先前返國述職卻被扣押並判刑十三年的孟宏偉，遭逮捕時仍是國際刑警組織主席。

隸屬美國國會的「美中經濟安全審查委員會」已在前幾年注意到這些現象，要求川普政府追蹤並記錄在國際組織出任要職的中國代表，並針對中國滲透國際組織發表備忘錄。

一場百年大疫的爆發，搭配譚德賽忘情演出，喚起西方世界對中國滲透國際組織的擔憂。山雨欲來風滿樓，繼美中貿易戰後，蔓延全球的疫情勢將進一步牽動國際新秩序！

05

病毒擾動國際新秩序

一場疫情造成美國經濟陷入癱瘓，
花費三年打造的「讓美國再次偉大」經濟夢，瞬間被打回原形。
想要爭取連任的川普當然怒不可遏，揚言要停止撥款，甚至退出WHO。

從2020年1月23日武漢封城起，短短兩個多月，這場1918年西班牙流感以來僅見的世紀大瘟疫，已造成全球逾77萬確診病例，超過3.7萬人死亡。此時，一開始完全不把病毒當一回事的川普才猛然驚醒，終於意識到事態嚴重，開始出動軍醫船艦參與救援。美國是世界第一強權，竟然被這場疫情狠狠撞倒，國際生態必然產生重大變化。

對中國開第一槍的，是確診染疫且一度被送入加護病房的英國首相強生。他在病榻上接受《商業內幕》（*Business Inside*）訪問，說出了5個重點：

- 中國實際感染與死亡的人數，可能達官方公布的40倍。

- 中國隱匿疫情，導致病毒蔓延全世界。
- 英國考慮切斷「中國產業鏈」，讓產業回歸。
- 疫情促使英國放棄與華為合作。
- 疫情過後，全世界將「盤點」中國政府的責任。

這5點說得非常赤裸，且具有高度針對性，其中最值得關注的就是英國對華為的態度。科技冷戰開打後，美國一再提醒英國不要使用華為的設備，英國始終沒有鬆口表態；然而這回從強生口中直接拒絕華為，可見疫情的衝擊終於逼得強生選邊站。

回顧世界歷史，十三世紀的黑死病改變了歐洲，二十一世紀這場大瘟疫肯定也會牽動國際秩序，對價值與信仰造成衝擊。充滿怨恨與敵意的圍堵意識逐漸延燒，全球化體制走到終點，受創的經濟體等待重建。在彼此相互指責的怒氣中，稍有不慎就有可能重演類似希特勒的納粹噩夢，甚至點燃第三次世界大戰的火苗。

百年大疫重創美國

根據CNN於2020年4月的報導，美國衛生及公共服務部發布疫情預測時，認為這場疫情造成的美國死亡人數，將會超過珍珠港和911事件。在二百多年歷史中，1941年12月7日發生的日本偷襲珍珠港，以及2001年9月11日恐怖分子襲擊紐約雙子星大樓，是美國本土唯二遭受的攻擊事件。

官方疫情發布者拿這兩起事件來比喻，絕非隨口說說而已。這很可能是美國政府精心引導的國內情緒導向，也是深遠的國際輿論籌謀。

蓬佩奧就在7大工業國（G7）外長會議上，指責中國利用疫情進行「假消息」活動。他還執意使用「武漢病毒」一詞，引來中國外交部強烈回應，指責他汙名化中國，詆毀中方在防疫上的努力。這場疫情不僅嚴重衝擊美國，也加深美中雙方因貿易失衡引爆貿易戰後的裂痕。

其實，川普政府太小看這場疫情了。2022年5月5日，距離通報首例確診僅僅二十七個月，美國的染疫死亡人數正式宣告突破百萬，把排名第二的巴西遠遠拋在後頭。相較於珍珠港事件約2400人死亡、911事件接近3000人死亡，如此慘痛的人命損失實在難以想像。

為了化危機為轉機，川普頻頻將箭頭指向中國，指責中國刻意隱匿，才造成疫情一發不可收拾。為了將疫情衝擊美國的慘痛合理化，川普也將箭頭指向WHO，他不只一次提到：美國於2019年捐給WHO4.52億美元，中國只捐獻了4200萬美元，譚德塞竟然完全聽命於中國。

武漢疫情引爆後，WHO先是力阻各國對中國封關，又反對各國戴上口罩，甚至認為病毒以最初爆發地命名會傷害某個群體的感情。然而，這其實是舉世慣例，就像「日本腦炎」與「非洲豬瘟」，但WHO仍堅稱這樣會造成歧視，絕不能稱為「武漢肺炎」。

一場疫情造成美國經濟陷入癱瘓，花費三年打造的「讓美國再次偉大」經濟夢，瞬間被打回原形。想要爭取連任的川普當然怒不可遏，揚言要停止撥款，甚至退出WHO。

對世界第一強權而言，這樣的損傷簡直奇恥大辱、顏面掃地！

全球加速去中國化

自全球化以來，許多低毛利產業早已移至中國生產。例如疫情爆發後炙手可熱的口罩、呼吸器、防護衣、原料藥，幾乎全在中國生產，導致這些產品瞬間供不應求，加重了世界各國防疫的窘境。這般窘境逼得全球嚴肅思考生產基地如何移出中國，美國與日本政府也都承諾補貼廠商移出中國的損失，外移趨勢必然加速前進。

此外，當中國的價值與意識型態已無法與西方世界相融時，未來的全球秩序將面臨嚴厲考驗。在這場疫情中，中國主流媒體散發大量誤導性訊息，不但誤導中國人民，也誤導了西方國家，更傷害中國形象，其中最典型的就是「病源起源於美國」「全球要感謝中國」和「中國體制優越論」。因此，由歐美領導的「全球去中國化」已呼之欲出。

疫情到底會在何時落幕，實在很難說。直到2022年，這場疫情走到第三年，除了中國猶做困獸之鬥，世界各國也只能「選擇與病毒共存」，無法真正「落幕」。病毒一直在變異，根本消滅不了。

這場百年大瘟疫勢必成為改變世界的催化劑，美中兩國的強權爭霸將會更激烈化，世界各國也會重新定位中國。至於台灣在這次防疫大作戰的傑出表現，則是成為全球亮點；然而，兩岸關係也面臨著前所未見的巨大變化。

兩岸關係進入深水區

由於海峽兩岸往來一向頻繁，因此疫情爆發之初，台灣就被美國約翰霍普金斯大學（Johns Hopkins University）示警為最危險國家，可能成為中國以外最嚴重的疫區。

沒想到兩年多來，台灣反而成為全球防疫最成功的國家之一。

當然，任何事情都有不同的看法，例如政媒聞人趙少康就曾語出驚人地表示：「台灣疫情控制得好，只是蔡英文運氣好！」這句話雖然招來許多議論，但是從「運氣好」的角度來看，蔡英文的運氣還真是不錯。例如，每年夏天都有遭受颱風侵襲的可能性，但奇妙得很，過去幾年，台灣上空彷彿套上一層防護罩，颱風幾乎都繞過台灣，直撲其他國家。

另一個好運氣，則是兩岸關係在這幾年降至冰點，中國為了懲罰台灣，從2019下半年起，先是暫停中國旅客來台自由行，繼而縮減旅遊團來台數量，結果中國旅客人數大減，反而使得台灣避開疫情劫難。

第三個好運氣，就是總統大選於2020年1月11日舉辦，很多台商回國投票。緊接著又是農曆春節，台商回來過年更甚以往，恰好也避開了武漢疫情。

然而若是純粹運氣好，大疫來襲恐怕還不足以避過大難。真正功不可沒的，就是行政院長蘇貞昌與衛福部長陳時中領軍的防疫團隊。

尤其是陳時中帶領的防疫隊伍，其實就是2003年抵禦SARS的作戰部隊，早已累積許多經驗。疫情爆發後，第一時間就宣布送走兩個武漢旅遊團，用力阻絕來自疫區的訪客，透過包機將武漢台胞接送回台，並以快刀斬亂麻的方式拆除寶瓶星號引信，種種措施皆贏得國人高度好評。

如此出色的防疫表現，自然贏得普世讚賞，包括國際巨星芭芭拉．史翠珊、微軟創辦人比爾．蓋茲，以及各國政治領袖，競相肯定台灣的防疫成績，全球能見度因而大大提升。而且，台灣也在極短時間內組成口罩國家隊，不僅提供充足的口罩給國民，還能捐贈給不足的國家，贏得許多國家的感謝。

如此優異的防疫成績，促使台灣將「百年大疫」轉化成「百年機遇」；不過，這樣的機遇也面臨空前挑戰，尤其是日益嚴峻的兩岸關係。

除了限縮自由行與團客來台，北京當局也在2020年4月宣布暫停中生來台就學。當時，兩岸經濟協議（ECFA）即將屆滿十周年，假如中方片面喊停，兩岸臍帶可能中斷，這正是潛藏的危機。過去三十年，兩岸往來頻繁，台商在中國各地設廠，關係若是驟變，勢必大大牽動兩邊的政經發展。最緊繃的就是大家都不樂見的「熱戰」，尤其中國在這兩年頻頻派出航母和軍機接近台灣，一不小心就會擦槍走火⋯⋯

台灣面對的可能是百年難逢的大機遇，卻也潛藏著更大的變數。反全球化浪潮已然崛起，去中國化趨勢正要開始，台灣領導人與全體國人如何因應這場百年大變局，確實存在著重重考驗。

開始要選邊站了

俄烏戰爭爆發後，美國與歐盟不僅強力制裁俄羅斯，也不斷呼籲其他國家加入制裁陣營；不過，具有強大影響力的中國始終態度曖昧。

於是，戰事開打兩個月後，一向溫和的美國財政部長葉倫（Janet Yellen）在大西洋理事會進行演說時，公開警告中國應挺身而出，勸告俄羅斯停止戰爭；假如堅持站在俄羅斯那一邊，中國經濟恐將面臨嚴重後果。

平時發言以貨幣及財政政策為主的葉倫，突然要求中國加入制裁行列，確實頗不尋常，或許是因為她看到了一些數據：根據中國2022年3月的進出口統計，中俄雙邊貿易額達116.69億美元，相較前一年同期成長了12.76%；而2022年首季，中國對俄羅斯出口2430.3億人民幣，也比前一年同期成長了27.81%。由此可見，儘管全球對俄羅斯展開經濟制裁，中國卻依然故我，照樣跟俄羅斯做生意。

在葉倫表態之前，經濟學人智庫（Economist Intelligence Unit）也提到烏克蘭戰爭帶給全世界十個層面的改變，包括俄羅斯深化與中國的結盟、加速軍備競賽、全球民主陣營遭受更多挑戰、歐洲安全再獲聚焦等。其中最值得關注的是，全世界加速分化成兩個敵對競爭的陣營，有些國家會選邊站，更多國家想要兼顧兩邊陣營；但是隨著時間進展，腳踩兩條船將會越來越困難。

關於這一點，台灣的感受肯定最強烈！從川普發動貿易戰以來，某些重量級企業人士常常站出來示警，呼籲台灣千萬別選邊站，免得被大象踩死。然而，這次俄羅斯入侵烏克蘭，全世界選邊站的壓力有增無減，地緣政治的張力越來越大，台灣肯定很難置身其外，終將面臨選邊站的抉擇。

06
美中角力與疫苗大戰

隨著日本和美國出手救援台灣，
再看看同一時間發生在歐洲的美國、歐盟、北約、俄羅斯、
中國等國際強權的多方角力，即可想見看似單純的疫苗採購，
背後隱藏了多麼複雜的政治盤算。

COVID-19疫情從2020年開始肆虐全球，台灣防疫有成，不僅讓人民過著有別於其他國家的正常生活，還曾創下長達253天的「全球最長無本土感染」紀錄（2020年4月12日至12月22日）。然而，雞蛋再怎麼密合都有縫隙，在境外病毒不斷攻門的情況下，固若金湯的城門終究被攻破了。

2021年5月15日上午，行政院長蘇貞昌協同衛福部長陳時中召開臨時記者會，宣布新增180例本土確診個案，台北市與新北市於當日下午4點起進入三級警戒，台灣開始承受疫情爆發後最嚴厲的考驗。

原本優異的防疫成績，似乎變成魔鬼的禮物。疫情穩定造成人民施打疫苗意願低落，疫苗覆蓋率甚低，而政府在疫苗採購上也遭受不小阻力，疫苗到貨率更低。因此，當疫情出現破口時，疫苗青黃不接，恐慌情緒瞬間引燃，人民與政客為疫苗採購政策爭吵不休，全國陷入極度嚴重的撕裂狀態，民進黨政府承受空前壓力。

在疫情爆發與疫苗不足的雙重折磨下，中國仍頻頻出招，以各種手段阻撓台灣取得疫苗。這是中國的一貫戰略，頻頻指責民進黨政府「以疫謀獨」，最終就是要脅迫台灣接受中國疫苗。從國台辦發言人馬曉光呼籲「島內縣市、民間各方與復星公司，依照正常商業規則早日達成疫苗洽購協定」，即可看出中國在這場疫苗大戰中著力甚深。

幸好，進入三級警戒兩周後，台灣採購的首批15萬劑莫德納疫苗，終於在5月28日搭乘華航貨機從盧森堡出發，繞過中國國境抵達台北。15萬劑雖然不多，卻有如及時雨般，暫時冷卻在三級警戒下焦躁惶恐的台灣民心。

日美疫苗相繼援台

緊接在15萬劑莫德納疫苗後的及時雨，就是日本於6月4日直接運送124萬劑AZ疫苗抵達台灣。這項緊急贈送疫苗計畫名為「報恩」，不過，美國在背後使力很多。

第三場及時雨落在6月6日，三位美國參議員搭乘美軍

C-17專機旋風式過境松山機場，與蔡總統會談，同時宣布贈送75萬劑疫苗給台灣。來台的三位參議員中，昆斯（Chris Coons）是接下拜登選區的參議員，也是拜登最重要的好友之一；但其中最受矚目的，則是坐著輪椅的達克沃絲（Tammy Duckworth）。她是泰裔女性黑鷹直升機飛行員，雖於伊拉克執行任務時遭火箭擊中，失去雙腿，其奮鬥歷程卻激勵人心。此次訪台之旅，她也鼓勵處於困境中的台灣「面對艱難，總能克服，生存下來」，令台灣民眾十分動容。

第四場及時雨更是令人驚喜。為了協助台灣防疫，拜登政府決定擴大援台疫苗的數量。除了原本承諾的75萬劑，另外增加175萬劑，總計250萬劑莫德納疫苗於6月20日順利抵台。

這批疫苗抵達當晚，美國在台協會（American Institute in Taiwan，AIT）便發出一篇新聞稿，其中有一段話，值得關注：「台灣是可信賴的朋友，也是國際民主大家庭的一分子。」這可不是隨便說說的官話，而是未來世界變化的基石。

拜登政府原以為見到台灣防疫有成，並未將台灣列於疫苗支援優先順位；可是，眼見台灣在疫情與中國的內外夾擊下方寸大亂，不得不緊急出手救援。一方面，三位參議員搭乘美國軍機飛抵松山機場，透露出極高的政治意涵；另一方面，美國以最快速度送出250萬劑，再加上日本的124萬劑，讓台灣在半個月內取得374萬劑疫苗，也代表美國對台灣的堅定支持。

在極度騷亂的關鍵時刻，美國快速出手解救台灣，如此戲劇性的發展當然刻畫著美中角力的痕跡。此外，這場疫苗之爭牽動未來世界的巨大變化，絕對是美中角力的一個使力點，因為拜登對中國的力道逐漸加重。

世局如棋，巨變將臨

跳出台灣向外看，在美國出手紓解台灣疫苗短缺的那段期間，全球正在發生巨大變化。率先揭開序幕的，就是拜登於6月10日抵達英國，展開2021年就職以來首次國外參訪行程。當空軍一號抵達英國米登霍爾皇家空軍基地（RAF Midenhall）後，拜登立即向駐地美軍發表演說，並特別在演說中強調「美國回來了」（The United States is Back.），這句話與川普唯我獨尊式的「讓美國再次偉大」（Make America great again.）大相逕庭。從這一刻起，拜登正式改變川普時代的單邊主義，回到多邊合作；隨後即將展開的7大工業國高峰會，正是拜登「率眾打群架」的開幕戰。

高峰會登場前，拜登先與強生在英國著名的聖邁克爾山（St. Michael's Mount）一座古堡會談，仿效邱吉爾與羅斯福於1941年簽署的《大西洋憲章》（Atlantic Charter），簽訂了一紙新憲章，鄭重宣示美英兩國將攜手面對未來的挑戰。

其後於6月13日落幕的G7公報中，則是出現四個值得觀察的重點：

- 宣揚立國價值，包括呼籲中國尊重人權與基本自由，尤其是關於新疆人權以及香港在《基本法》下的高度自治。
- 強調台灣海峽和平穩定的重要性，鼓勵和平解決兩岸事宜。
- 關注東海及南海情勢，強烈反對任何單方面改變現狀與增添緊張的嘗試。
- 呼籲WHO在中國展開及時、透明、由專家引領、以科學為基礎的新冠病毒第二階段溯源工作。

雖然明顯劍指中國，這紙份公報仍屬溫和，拜登也表示滿意。外電報導還指出，在澳洲總理莫里森出示重要文件後，原本態度猶豫不決的法國總統馬克宏（Emmanuel Macron）終於決定改變立場。當然，中國肯定不甘示弱，《環球時報》立即對此回應：「美國拉攏盟國，中國人不吃這一套！」

長袖善舞，合縱連橫

結束G7峰會後，拜登飛往比利時布魯塞爾參加北約峰會，會後所發表的公報直接指稱，北約國家正面對來自威權國家的多重威脅與系統性競爭。公報中甚至公開地指名中國，將中國定位為「系統性挑戰」，指控中國軍事現代化並不透明，持續散布假消息，同時快速擴充核子武器，增加核彈頭與先進載具系統數量，建立陸海空三位一體的核打擊力量。相較於G7公報，這份北約公報赤裸裸地將中國當成敵對對象。

面對如此嚴厲的指控，中國也毫不示弱，逐一反駁公報中涉及中國的內容，批評北約國家誤判國際形勢與自身角色，延續冷戰思維。中方強調，雖然中國堅持和平發展，但不會對別人的「系統性挑戰」無動於衷。他們還特別反駁，北約30國的軍事預算是中國的5.6倍，「到底是誰的軍事基地遍布全球、誰的航母在四處炫耀武力，全世界人民都看得很清楚！」

緊接著登場的，則是6月16日於瑞士日內瓦舉行的美俄峰會，這也是拜登訪歐行程的壓軸演出，以美國總統身分與俄羅斯領導人普丁面對面交鋒。

這場美俄峰會具有拉攏俄羅斯共同對付中國的戰略考量，此即列寧統一戰線「聯合次要敵人、打擊主要敵人」的核心思想。二次大戰結束後，雖然美蘇冷戰始終是國際戰略主軸，但是半個世紀以來，俄羅斯的經濟規模已跌落全球前10，即使仍是軍事大國，經濟實力也大不如前。因此，值此美中對抗之際，美國想穩住俄羅斯、集中力量對抗中國的意圖相當強烈；同時，在烏克蘭、敘利亞、伊朗、阿富汗和北韓等相關議題上，美國也必須與俄羅斯保持合作。

想要判斷美中俄的三角關係，必須考量是中俄矛盾大，還是美俄矛盾大？是中俄利益交集多，還是美俄利益交集多？拜登想要拉攏普丁，固然有一定難度，但是在美國抗中戰線下，俄羅斯也想要漁翁得利，這就是拜登得以借力使力之處。

民主自由與極權獨裁的激烈交鋒

在2021年6月中旬這趟為期八天的訪歐行程中，拜登完成川普任內無法達成的整合歐盟大動作，把歐盟各國牢牢拉在一起，同時策動俄羅斯保持中立，將戰略焦點放在亞洲，日本和韓國也相繼表態支持。

至此，美國將民主自由與極權獨裁一刀切開，中國成為極權獨裁的化身，台灣成為「國際民主大家庭的一分子」。這是美國的戰略大轉變，意味著各種形式的美中角力持續進行，而拜登也靈活展開其戰略訴求。

在經貿方面，拜登主導美國版「一帶一路」，在7大工業國峰會上訴求「重建更好世界」（Build Back Better World，B3W），宣示要以價值觀為導向，協助發展中國家展開基礎建設。拜登也表示，在本質上，7大工業國並非要與中國較勁，而是與世界各地的「專制政府」較量。因此，美國主導百年來最大基礎建設計畫，排除中資企業參與，讓友好陣營共謀其利，這是美國版一帶一路與中國版一帶一路的正面抗衡。

另一個戰場則是疫苗外交，拜登宣布斥資購買10億劑輝瑞疫苗，無償捐助第三世界國家。在此之前，疫苗外交的角色由中國主導扮演；接下來，美國也要承擔這項重任，不讓中國專美於前。

台灣的疫苗大戰就像一場「引蛇出洞」大戲，各路人馬都浮上檯面。回頭看2021年5月15日雙北進入三級警戒的場景，大家發現施打疫苗才是根本之道，但進口疫苗始終沒有著落。此時，中國主導的認知作戰逐漸奏效，各種通訊軟體出現無止無盡的謾罵，痛斥民進黨政府殘酷冷血，阻擋中國疫苗來台，任令死亡人數驟增。

那段期間，從南投縣長林明溱、雲林縣長張麗善、台東縣長饒慶鈴到佛光山，都挺身表示要自購疫苗，其中以郭台銘的動作最大，全台為了疫苗幾乎炸鍋。

隨著日本和美國出手救援台灣，再看看同一時間發生在歐洲的美國、歐盟、北約、俄羅斯、中國等國際強權的多方角力，即可想見看似單純的疫苗採購，背後隱藏了多麼複雜的政治盤算。

07

台灣終將選邊站

在國際政治上，台灣恰好位於地緣政治最前線，就像第一次世界大戰前夕的巴爾幹半島，很可能是危機導火線。不過同樣拜地緣政治之賜，台灣也可能成為新的資金匯聚地，因為香港的角色已全然轉變。

1960年6月18日，美國總統艾森豪來台訪問，蔣介石總統親自迎接，這是台灣相當重要的轉捩點。當年為了迎接艾森豪，我們特別開闢了兩條壯觀的馬路，也就是現在的敦化南北路和仁愛路。

同樣是那一年，在岸信介政府主導下，日本國會通過《美日安保條約》（Treaty of Mutual Cooperation and Security between the United States and Japan）。然而日本國內意見紛歧，在艾森豪結束訪台行程於6月21日轉往東京前夕，國會大廈前掀起數萬人上街抗爭，最終導致岸信介政府於7月19日垮台。

岸信介在1957年2月25日當選日本首相，擔任首相三個月後即親訪台灣，與蔣介石簽署反共協議，台日關係好轉，為

《美日安保條約》奠定基礎，這是台日成為美國夥伴關係的起點。及至艾森豪訪台，等於用實際行動力挺台灣，這是1958年「823砲戰」後台灣情勢轉穩的一項重要因素，也跟美國的亞太戰略布局有關。從那一刻起，台灣和日本正式成為美國在亞太最重要的戰略夥伴。

後來美國排除萬難，安排日本加入「關稅暨貿易總協定」（General Agreement on Tariffs and Trade，GATT），使得日本經濟在戰後重建、韓戰及越戰的加持下快速崛起。到了1980年代，「日本第一」高唱入雲，股市市值是美國的1.5倍，美國與日本逐漸從夥伴關係變成敵對關係。同一時間，蘇聯與美國的冷戰持續對峙，在尼克森和季辛吉鋪路下，中國搖身成為美國的幫手，美國與中國反而變成夥伴關係。

此後，美國努力拉抬中國經濟，協助中國加入世界貿易組織，從此中國搭著全球化列車迅速前進，成為世界經濟大國。這個重大的轉折，導致日本深陷泡沫經濟泥沼，進入失落的三十年；而台灣也因此加速邊緣化，人流、物流和金流全速湧入中國，這就是台灣經濟一直被「唱衰」的最大源頭。

不過，風水確實會輪流轉，2018年美中貿易戰開打後，美國與中國已從原本的夥伴關係轉變成敵對關係，台灣與日本又成為美國的戰略夥伴，歷史再次進入巨大的轉折時刻，台灣也處於轉折大運上，可惜多數人看不出來。

中國名列對美4大威脅之首

2021年3月，美中兩國於阿拉斯加州安克拉治舉行會談，會談結果形同翻臉破局，於是美國在4月13日發表了《2021年度威脅評估報告》（2021 Annual Threat Assessment of the U.S. Intelligence Community），列出中國、伊朗、北韓、俄羅斯是美國的4大威脅。這份報告指出：北韓導彈對美國、韓國和日本造成重大威脅；伊朗恢復核武測試，對中東地區和美國盟友造成威脅；至於俄羅斯，則是採用多樣戰術降低美國的影響力，弱化西方聯盟；然而其中最引人矚目的，就是整份報告以最大篇幅對準中國。

拜登政府表示，中國已逐漸趕上美國，成為同等級競爭者，在軍事、經濟和科技上挑戰美國地位，破壞華府及其盟友的夥伴關係，並且企圖建立有利於中國威權主義體制的新國際常態。此外，中國也有能力對美國進行網路攻擊，未來十年內的核儲存至少增加一倍。

報告中指出，中國欲成全球強國的攻勢遍及國際，影響力擴及軍事能力、大型殺傷力武器、太空、網路與情報，並增加在南海威嚇其他對手的行為。拜登政府還特別提及，中國試圖在國際上孤立台灣，增加台灣周邊軍事活動，對台海的威脅日益擴大。

簡而言之，這份報告是美國具體將中國列為「主要威脅國家」的嶄新里程碑，同時牽動了未來十年、二十年、甚至三十年的全球新格局。

會談不歡而散後，美國國家安全顧問蘇利文（Jake Sullivan）於會後發表一段令人深省的談話：「我們帶著清醒的認識到來，也帶著清醒的認識離開。我們將重返華盛頓，評判我們所處的局面。我們將繼續與盟友和夥伴磋商，討論今後所要採取的措施。」

這一席話透露了美國的基本立場，對付中國已無回頭路了！

加大力度，多面向制裁中國

隨著美中角力逐漸越演越烈，不僅美國參議院於2021年6月8日，通過《美國創新與競爭法案》（U.S. Innovation and Competition Act），眾議院外交委員會也在7月15日通過長達400多頁的《確保美國全球領導力與參與法案》（Ensuring American Global Leadership and Engagement Act），簡稱《老鷹法案》（EAGLE Act），以確保美國的全球領導地位。這項法案包括加強美台經貿連結、力挺台灣參與國際社會等多項「友台條款」，同時呼籲將「駐美國台北經濟文化辦事處」正名為「台灣駐美代表處」。

除了參眾兩院競相加碼，許多未曾發生過的事情，也出現前所未見的重大改變。

讓大家最有感的，就是美國收緊發給中國留學生簽證的名額，至少有超過500名理工科學生被拒簽。這500多名中國留學生都是預計赴美攻讀哈佛、耶魯、柏克萊、麻省理工、約翰霍普金斯等名校的碩博士績優生，其中有四分之一拿到全額獎學金。然而，美國大使館以不符合《移民及國籍法》第212條f款及第10043號總統令為由拒簽，引來中方強烈抗議，這是美中民間交流出現的重大改變訊號。

除此之外，拜登也在7月9日宣布制裁23家中資企業，包括涉及新疆的14家。美國國務院在一份聲明中提到：「有鑑於這些侵犯人權行為的嚴重程度，未退出與新疆有關供應鏈、合資企業或投資的企業或個人，皆有可能面臨違反美國法律的高風險。」這是拜登政府針對新疆人權問題的進一步追擊。

在科技戰方面，美國也毫不鬆懈。除了聯邦通訊委員會增加撥款補助電信營運商移除華為設備，拜登政府也延續川普時期禁止對中國出口高科技產品的政策，並與荷蘭政府取得默契，禁止艾司摩爾將EUV光刻機售予中國。從對付華為到約束艾司摩爾，美國對中國的制裁力道不斷升級。

另一方面，中國嚴審中資企業在美國公開發行，形同阻斷中資企業赴美籌資之路，眾多中企只好改道香港掛牌上市。從各種面向看來，美中角力已擴展到所有層面，從軍事、貿易、科技到金融，戰線與範圍越拉越廣，演變成全方位戰鬥。

亞洲的巴爾幹半島

中國的快速發展到了2018年逐漸出現「拐點」，習近平重回極權專制路線，最顯著的例子就是在2021年祭出《反壟斷法》，昔日威風八面的馬雲和馬化騰頓時坐困愁城。在外交上，中國走上戰狼路線，這也驚醒了原本保持觀望的民主國家，像澳洲幾乎與中國撕破臉，德國總理梅克爾擔心中國在台海的挑釁行為可能導致衝突，日本防衛大臣岸信夫也擔心兩岸擦槍走火。川普執政時，美國單獨對抗中國的挑戰，如今則形同打群架的現象，儼然變成民主陣營對抗極權專制國家。

在國際政治上，台灣恰好位於地緣政治最前緣，就像第一次世界大戰前夕的巴爾幹半島，很可能是危機導火線。不過同樣拜地緣政治之賜，台灣也可能成為新的資金匯聚地，因為香港的角色已全然轉變；在《港版國安法》通過後，包括黎智英等民主派人士盡皆遭到拘捕。

當然，台灣一時還無法完全取代香港的地位，但重要性與日俱增，中港流出的資金正湧向台灣，從過去幾年台幣始終保持強勢即可看出端倪。此外，台商回流加上湧入台灣的資金，正撐起台股一片江山。過去國人看到台股過萬點就崩盤大跌，這兩年卻輕舟飛過萬七。雖然許多專家大喊台股泡沫太大，但台股依然步履穩健，因為台灣的底蘊加深了。

鄧小平改革開放後，世界各國「縱虎出柙」，協助中國發展經濟；如今，反全球化浪潮成形，世界大局反轉成「關虎入籠」。台灣正面臨一場新棋局，從縱虎出柙到關虎入籠，這場新棋局牽動著台灣未來經濟的命運。

「美國隊」或「中國隊」？

很多台灣人常說，兩岸關係若不好，台灣經濟就完蛋；然而，經過這四年的轉型求變，大家卻發現台灣企業的毛利率不斷上升，企業獲利也隨之水漲船高。2019年全體上市櫃公司的淨利是1.99兆，2020年達2.14兆，2021年更高達5.24兆，創下歷史新高。獲利躍升雖是企業自身精進的結果，但是在美國抗中的加持下，台灣也不知不覺得到更大的助力。

這些年，台灣政壇的政治光譜大致分成兩組：一是反共親美，一是親中反美。目前雙方壁壘分明，未來政局也會在美中博弈下越來越明朗。中國在過去三十年經濟逐漸壯大，對台灣政局產生很大的影響力，政壇不乏親中人士。不過，美國對台灣的影響力也與日俱增，從許多人對美國在台協會處長酈英傑（William Brent Christensen）離任的依依不捨，即可看出美國在台協會堅持的「真朋友、真進展」（Real Friends, Real Progress）確實打動不少台灣人心。

與此同時，台灣也慢慢感受到地緣政治的加持正在擴大。在缺乏疫苗的窘境下，美國總共贈送了400萬劑莫德納疫苗給台灣；日本更是傾囊相助，總共420.4萬劑AZ疫苗分六批直抵台灣。最令人感動與驚喜的是，就連遠在東歐、平時較少互動的立陶宛、斯洛伐克、捷克與波蘭等國，也陸續加入紓解台灣疫苗荒的行列。當然，台灣能夠「得道多助」，疫情爆發初期捐贈口罩給許多國家，也是一項重要原因。

回到美中角力初期，不少國內企業界大老頻頻表示，兩頭大象打架時，台灣千萬不要選邊站；可是，從川普發動貿易戰迄今四年多，世界各國卻紛紛選邊站了。台灣是個具備獨特戰略地位的島嶼，這場美中角力將會影響每個台灣人，我們的政治經濟體制也會出現巨大變化。

因此，在美中持續博弈的大環境下，台灣的「美國隊」與「中國隊」最後都將被迫選邊站。2024年的總統大選，台灣人到底支持「美國隊」或「中國隊」，也會在這個政治大環境中露出端倪！

08

戰狼外交，遍地烽火

**過去十幾年，台灣像個小媳婦，即使被中國獵巫重重打下，
也只能挨悶棍，無法出聲。
這些年中國國力漸增，獵巫行動逐漸國際化。**

時間拉回2005年3月25日，奇美集團創辦人許文龍發表退休感言：「台灣、大陸同屬一個中國，兩岸人民都是同胞姊妹……最近胡錦濤主席的講話和《反分裂國家法》的出台，我們都很關注。我覺得有了這個講話和法律，我們心裡踏實了許多，因為敢到大陸投資，就是我們不搞台獨；因為不搞台獨，所以奇美在大陸的發展就一定會更加興旺……。」

一向被認為本土意識強烈的許文龍突然轉向，引發軒然大波。當時，前總統李登輝幫忙緩頰，認為許文龍肯定有迫不得已的苦衷。

在台灣，中國的獵巫行動無所不在，從許文龍開始，台商對於來自中國的壓力都要戒慎恐懼。像海霸王必須多次出

面澄清自己「非綠色企業」，而麵包界「台灣之光」吳寶春也被迫表態支持九二共識，甚至說出許多台灣人說不出口的「中國台灣」。

然而再怎麼謹慎都有可能擦槍走火，引發巨大災難。2018年8月，蔡英文出訪中美洲友邦，過境美國洛杉磯時前往85度C買咖啡，應員工要求在吉祥物抱枕簽名，卻遭來中國霸凌打壓，指稱85度C是「台獨企業」，迫使85度C中國分店立即發表聲明，承認九二共識。不過，企業跪下來會使營運變得更好嗎？恐怕也未必。

除了企業界面對無窮盡的獵巫，演藝圈也要提心吊膽。最具衝擊力的是，來自台灣的韓國偶像天團TWICE成員周子瑜，在2015年底貼出一張床頭帶有中華民國國旗的照片，被黃安舉報為台獨，最後被迫唸稿承認自己是中國人。

緊接著受害的，還有演出《我的少女時代》的演員宋芸樺，只因她說了一句「我最喜歡的國家是台灣」。最慘的是戴立忍，因屢屢涉入親綠營的社會運動，導致戲都演一半了卻被換角，後來戴立忍撰寫一篇長文，細說自己不是台獨分子，也從未涉及台獨爭議，卻已難挽救他在中國市場的發展前景。

中國獵巫全球化

過去十幾年，台灣像個小媳婦，即使被中國獵巫重重打下，也只能挨悶棍，無法出聲。這些年中國國力漸增，獵巫行動逐漸國際化，例如德國戴姆勒公司在2017年一則廣告中引述達賴喇嘛的名言：「從不同角度審視境遇，你的視野將會變得更開闊。」這原來是句很美的句子，卻踩到中國的紅線。為了廣大的消費市場，戴姆勒公司只好下架廣告並鄭重道歉。

到了2019年，這種道歉案例越來越多。例如義大利知名品牌Versace在一款T恤上將澳門和香港列為國家，中國網民立即發起抵制。Versace眼見苗頭不對，火速發文道歉，說自己「熱愛中國，堅決尊重中國領土國家主權」。後來，美國的Coach和日本的Asics也被指控將港澳台列為國家，兩家公司都發文鄭重道歉。

還有一種行為也是中國不允許的：中國地圖少了台灣。美國服飾零售商GAP販售一款印著中國地圖的T恤，眼尖的中國網民發現，地圖上竟然沒有西藏和台灣。GAP火速認錯下架，表示日後會「嚴格審查」，避免重蹈覆轍。

這種獵巫行動從台灣走向世界，全球第一強權同樣無法倖免。首先是美國限制級卡通《南方四賤客》（*South Park*）在2019年10月2日首播的〈中國樂隊〉（Band in China，來自雙關語Banned in China）中，談及中國公安虐待犯人、器官移植、媒體審查、民眾被迫歌頌共產黨等敏感話題，嚴重觸及中國敏感神經，立即遭到中國禁播，並且封鎖相關討論區。

不過，《南方四賤客》顯然不是吃素的。兩位作者帕克（Trey parker）與史東（Matt Stone）非但沒收起辛辣嘲諷作風，反而在推特上發表另類道歉宣言：「習近平一點也不像小熊維尼，我們現在和好了吧，中國！」「我們與NBA一樣歡迎中國內容審查。」「我們愛錢更勝於自由。」甚至還說：「中國共產黨萬歲，希望今秋高粱豐收！」這些道歉酸味十足，可說是火上加油，但《南方四賤客》寧願放棄中國市場，也要捍衛言論自由，確實讓西方國家大開眼界。

烽火延燒美國職籃

隨後發難的是NBA休士頓火箭隊總管莫雷，他在10月4日的個人推特上發文：「為自由而戰，和香港在一起。」（Fight for freedom, Stand with Hong Kong.）這句話使得中國獵巫怒火燒向NBA，燒得又急又猛。

但NBA就不像《南方四賤客》那樣戰鬥力十足了。怒火延燒後，莫雷迅速刪文，火箭隊從上到下都站出來表示「我們熱愛中國」，卻依然無法平息這場風暴。

最後是NBA總裁席佛（Adam Silver）出面試圖止血，他為莫雷讓中國人感到不舒服的發言道歉，卻又表示不會為莫雷個人的言論自由道歉。畢竟，言論自由是美國人的天賦人權，多數人認為莫雷只是抒發個人想法，這是相當單純的言論自由。

席佛聲明，長久以來，平等、尊重與言論自由是美國人的普世價值，也定義了NBA的基因。結果，這番話簡直提油救火，大大傷了中國人的玻璃心。於是，所有中國贊助廠商全面下架火箭隊甚至NBA的商品，甫簽下五年15億美元合約的騰訊體育也宣布停播NBA比賽，嚴重傷及商業利益。

後來中國當局可能考量株連太廣，而且NBA沒有替代性，於是選擇逐步降溫。不過，這起事件對美國社會造成相當巨大的影響，因為美國人終於發現，中國言論審查的幽靈已不知不覺徘徊在美國上空。以前台灣的企業和藝人遭到中國獵巫修理，美國人可能沒什麼感覺；這次莫雷在個人推特的發言居然引發中國反制，嚴重侵犯美國自詡的言論自由，使得美國社會開始反省。

過去三十年，美國意圖透過全球化向中國提倡民主，大多數美國人都認為，只要中國富裕起來，就會變成民主自由的國家。如今，美國人發現這只是一廂情願的夢想，中國日漸茁壯的經濟實力，反而成為控制各國言論自由的利器。為了守住中國的廣大市場，參加過「中國道歉大賽」的企業可以排成一條長長的隊伍，到底有幾家企業能像《南方四賤客》那樣不跪舔人民幣、不參加道歉大賽、挺起胸膛放棄發財大夢呢？

川普發動的貿易戰，除了農業州選民較為有感，多數美國人並沒有多大感受。然而，這場NBA風波卻衝擊了美國各層面，中國四處烽火的獵巫行動已經引發世人更多反感。

彭斯炮轟美企跪舔中國

面對中國的蠻橫獵巫，全球籃球最高殿堂竟然如此卑躬屈膝，看在當時的副總統彭斯眼裡簡直不可思議。因此，二十天後的10月24日，彭斯在威爾遜中心發表了一場演說，除了譴責中國政府鎮壓維吾爾人、支持民主台灣並力挺香港，主要就是衝著NBA而來。

他痛批美國企業為利益跪舔中國、為市場向北京叩頭，又痛批站出來挺中國的球星詹姆斯（LeBron James）和球評巴克利（Charles Barkley），斥責這些球星利用言論自由大力批評美國，卻對中國踐踏人權保持緘默。

彭斯更嚴詞譴責運動用品大廠Nike，當莫雷在推特發文支持香港抗爭、火箭隊面臨中國的嚴厲制裁時，Nike竟然配合在中國門市下架火箭隊商品。他說，Nike向來以「社會正義捍衛者」自許，但涉及香港問題時，竟將社會良知棄置於門外。這項火辣辣的指控重創Nike努力維持的好形象，股價一度因此下挫。倒楣的Nike屋漏偏逢連夜雨，長期資助長跑選手的「奧勒岡計畫」（Oregon Project），才剛因負責訓練的教練強迫選手瘦身、要求選手服用禁藥，被迫宣布中止，現在又被副總統抨擊棄置社會良知，形象瞬間重挫。

原本只是單純的體育活動，卻因中國的戰狼行為引來軒然大波。畢竟，籃球、棒球和美式足球是美國人最熱中的三大運動項目，也是精神寄託。中國給了火箭隊甚至整個NBA莫大壓力，似乎不覺得自己可能捅了馬蜂窩；然而，美國人的頓時覺醒與反作用力，可能會像八十年前日本偷襲珍珠港那般強烈。

珍珠港事件翻版

1941年12月7日，日本海軍派出6艘航空母艦共300多架軍機，對美國海軍夏威夷基地發動奇襲，美軍應變不及，遭致重大損失。日軍重創美軍8艘戰艦、3艘巡洋艦、3艘驅逐艦，摧毀188架戰機，造成2402人殉職和1282人受傷；而日軍只損失29架軍機、5艘袖珍潛艦及65名士兵，另有1名日本潛艦成員被俘。

這起事件驚醒了美國，也對當時的世界戰局發生重大影響。事件爆發之後，美國總統羅斯福發表了著名的《關於宣戰對國會的演講》（War Message to Congress，又稱《國恥演說》），聲稱12月7日「將永遠成為國恥日」（A date which will live in infamy.）。這一天成為美國的紀念日，珍珠港事件也變成決定二戰命運的重要轉捩點。

二戰開打後，德軍席捲整個歐洲，與蘇聯在歐陸展開決戰；日本則是深陷廣大的中國戰區，開始面臨資源短缺的問題。為了掠奪資源，日本施行南進政策，逐漸與美國產生衝突，最後決定對美國發動突襲。

珍珠港事件發生前，美國只有25萬軍力，日軍多達400萬。但是，當美國由原本的孤立主義轉為參戰態度，開始全民備戰，很快就成為太平洋戰爭的主力，二戰形勢也跟著大大改變。

這樣的場景頗為類似過去幾年的美中關係。2017年，中國與巴拿馬建交，美國對於中國勢力延伸到自家後院感到很不高興，這也是隔年引發美中貿易戰的重要導火線之一。2019年，中國又相繼與索羅門群島等太平洋島礁國家建交，並租用這些島礁廣建海軍基地，更是挑起美國和澳洲的敏感神經，一觸即發的態勢似乎即將重演。

當年，日本試圖引蛇出洞，最後種下戰爭失敗的命運。如今，中國在中南美洲與太平洋島礁國家的外交與軍事戰略布局，情勢極為類似1940年日本奪取法屬印度支那領土，勢必觸動美國警鈴聲響。因此，2019年這場美國職籃獵巫風波，很可能是1941年日本偷襲珍珠港的翻版，從此改變中國步步進逼的態勢。

09
風向悄悄出現變化

好萊塢電影界一向很在乎中國市場，
為討好中國觀眾，往往連劇情都被迫修改；
也會小心翼翼地自我審查，避免某些沒注意到的細節不慎觸及中國底線。
不過許多跡象顯示，風向正在悄悄出現變化。

中國一連串獵巫行動，逐漸引發世人反感；而美國職籃火箭隊總管的推特事件，更是激起美國人的戒心。

然而，這個「厲害的國」似乎沒意識到山雨欲來的氛圍，依然在世界各地點燃戰火，展現強悍的戰狼外交。這些年惹得澳洲政府開始跟中國對幹，從拒絕華為5G設備、南海衝突，到批評中國干涉內政，甚至驅逐中國留學生，雙方關係跌至谷底。

到了2020年，中澳關係更是發生巨變，因為澳洲政府大聲疾呼調查病毒起源，總理莫里森也強調，WHO必須具備強硬的督查權力。這些舉動大大激怒了中國，促使中國對澳洲展開強力報復制裁。例如，澳洲紅酒有九成銷售到中國，中國故意加徵212%關稅，使得出口至中國的紅酒在2021年首季減96%，酒商幾乎斃命。至於牛肉與龍蝦，中國海關也故意刁難，任其腐敗，種種舉措讓澳洲吃足苦頭。

除了對外關係，中國內部人權議題也始終是歐美國家關注的焦點，尤其有關新疆維吾爾族的人權，更屢屢成為聯合國人權理事會上針鋒相對的議題。中國是全球第二大棉花生產國，新疆是主要產地，歐美國家早就懷疑維吾爾族遭任意抓捕，被迫在紡織廠工作。

2020年3月1日，澳洲戰略政策研究所（Australian Strategic Policy Institute）發出一份報告指出，包括Apple、Nike、Adidas、UNIQLO在內大約83個知名消費品牌的供應商，都與中國維吾爾族和其他少數民族的強迫勞動有關。議題持續延燒至當年9月，瑞典時裝品牌H&M發表聲明表示，該公司十分關切「新疆維吾爾自治區強迫勞動與歧視少數民族」的相關報導，並澄清自己「不與位於新疆的任何服裝製造工廠合作，也不從該地區採購產品或原材料」。

此後，西方世界針對維吾爾人權的批評一波接著一波。到了2021年3月22日，歐盟、英國、美國和加拿大宣布對中國官員實施制裁，美國、英國和加拿大隨後發表聯合聲明，指稱中國當局侵犯人權罪證確鑿；而澳洲與紐西蘭也在同日發表聲明，支持英美加和歐盟採取的制裁措施。

至此，新疆棉風暴席捲全球，中國積累已久的怒火也徹底被點燃……

新疆棉風暴引發連鎖反應

兩天後，有關H&M和新疆棉的資訊在中國社群網站發酵，中國共青團組織在微博發聲譴責H&M：「一邊散播謠言、抵制新疆棉，一邊賺錢？是在癡心妄想！」在中國社群網路上，H&M開始遭到中國官媒和網友共同抵制。

這場風暴還蔓延多家國際品牌，《人民日報》直接在評論中點名Adidas、Nike、New Balance、Puma等企業：「新疆沒有所謂的強迫勞動，中國市場雖大，但不歡迎任何惡意中傷者。國家利益高於一切，吃飯砸鍋，註定癡心妄想！」央視也發表聲明指稱：「在中國賺得盆滿缽溢卻中傷中國，如此行為只會換來中國消費者自衛，用腳投票，以抵制教訓不守規矩的企業。」

在《人民日報》和央視的推波助瀾下，發表過有關新疆棉相關言論的企業紛紛遭到點名抵制，其代言藝人也陸續宣布與各大品牌解約。H&M代言人宋茜和黃軒率先發表終止代言合作，多個網購平台下架H&M貨品，百度和高德地圖屏蔽了H&M門市，台灣出身的藝人彭于晏、歐陽娜娜、許光漢、張鈞甯也都站出來表態。

這場獵巫行動堪稱史上規模最大，也讓這些品牌大廠陷入維護普世價值和守住中國市場的兩難困局。若是屈從中國壓力，品牌價值將遭受嚴重傷害；若要維持普世價值與品牌尊嚴，恐怕就要放棄中國市場。

對這些品牌而言，中國市場絕對是重中之重。例如中國是H&M第四大市場，在中國有505家門市，這些門市在2020年創造了97.5億瑞典克朗的營收。至於Nike，2020年第四季在大中華區創造的營收是22.8億美元，相較前一年同期成長了51%。同樣是2020年，Adidas則是在中國創造了43億歐元的營收，其中有15%來自鞋子，20%來自服飾，26%來自包包、球具和配件等。

魚與熊掌不可兼得，即使遭受強烈抵制，這些品牌大廠依然站在遵守普世價值的一方，卻也付出代價，股價面臨嚴重衝擊：開第一槍的H&M傷得最重，Nike和Puma傷得不輕，UNIQLO也大受影響。儘管如此，這些企業都選擇默默承擔，不會跳出來責怪政府，立場和態度十分堅定。他們不是不愛錢，而是信奉普世價值！

其實，這場全民獵巫大行動也波及中國自身的供應鏈，最具代表性的就是為國際品牌大廠代工的申洲國際，股價從193.4港幣重挫到141.8港幣，下跌了26.7%。簡而言之，知名國際品牌大廠在維護普世價值與中國龐大市場之間抉擇，勢必進一步衝擊中國生產基地和整條產業供應鏈，他們將會重新評估未來中國市場的風險。

新疆人權問題導致中國與歐洲互相抵制，這也衝擊了從2014年1月開始、歷經七年35次談判的《中歐全面投資協定》。最後，歐洲議會於2021年5月20日以599票贊成、30票反對、58票棄權，通過凍結《中歐全面投資協定》批准程序。

很多台商喜歡說，專心做生意就好，不要談政治；但我經常強調，政治會牽動企業投資，最後一定主動找上你，逼你表態。姑且不論台灣企業沒有強大政府做為後盾，只能任人宰割，即使強大如美國，也不見得樣樣能使力。一旦雙方關係緊張，投資也會受到影響。

電動車龍頭大廠特斯拉，就是血淋淋的例子。

中國的「養套殺」螺旋

2021年，特斯拉在中國出了不少麻煩事，令人印象最深刻的，就是一名女子在上海車展跳上特斯拉車頂，高喊「特斯拉剎車失靈」。對此，特斯拉中國副總陶琳接受專訪時，質疑有人在背後指使這名女子激烈抗爭。如此場景不僅嚴重傷害特斯拉形象，官媒新華社也發表評論，批評特斯拉高管的傲慢回應幾乎讓人感受不到解決問題的誠意。

其次是特斯拉的上海擴廠計畫喊停，原本要加購保留在原廠區旁的一塊土地也放棄了。雪上加霜的是，中國官方限令軍職及公務機要人員不能使用特斯拉，甚至要求特斯拉交出機密數據。

2020年5月，摩根士丹利（Morgan Stanley）策略分析師就指出特斯拉是二十年前的蘋果，結果在短短一年內，特斯拉就以猛龍翻身之姿掀起一場產業大革命。然而特斯拉能快速奮起，其實是美中貿易戰於2018年開啟時，中國政府以9.7億人民幣這種「半買半送」的優惠價格，將上海臨港自貿區86萬平方公尺巨型地皮（相當於兩個香港迪士尼樂園）賣給特斯拉，同時安排特斯拉向中資銀行取得200億人民幣低利貸款。此外，特斯拉還手握一座百分之百持有的車廠，也無需跟中資車廠分享技術與利潤，不論從哪個角度來看，都是一門划算的生意。

現在看來，這是中國政府非常高明的「引鳳築巢」計畫，特斯拉的成長也由此出發。上海超級工廠從2019年1月開始動工，以「極速」推進工程進度，2020年1月就上線生產第一輛車。原本大家都認為特斯拉要循序漸進，才能提升產能達年度10萬輛的目標；沒想到單是2020年，上海超級工廠就貢獻了16萬輛，協助特斯拉達成當年年產50萬輛的目標。

然而，中國政府大力拉攏特斯拉到上海設廠、半買半送大塊土地、提供低利貸款的前提，就是要完全採購中國當地生產的零組件，如此一來就能利用特斯拉以加速扶持在地電動車供應鏈。從最核心的電池到汽車組裝，從比亞迪、蔚來、小鵬、理想、甚至恒大和小米，短短兩、三年時間，一家家電動車廠陸續募資上市、快速量產。而且，電動車不像半導體會被美國卡脖子，再加上自身的廣大市場優勢，只要幹掉特斯拉的時機日漸成熟，特斯拉在中國的好日子就沒了。

2020年，特斯拉在中國銷售了13.73萬輛，營收66億美元，成長124%。可惜好景不長，2021年就出現明顯衰退，使得馬斯克決定停止在上海繼續擴廠的腳步，顯然他已意識到「從誘餌到獵殺」的滋味了。

沒有中國市場的新世界

時間快轉至2022年5月，漫威電影巨作《奇異博士2：失控多重宇宙》（*Doctor Strange in the Multiverse of Madness*）在全球熱鬧上映，其中有一幕奇異博士迎戰怪物的場景，鏡頭左下角意外出現《大紀元時報》的黃色郵箱。由於《大紀元時報》被中共認定與法輪功有關，這部賣座電影在中國的最終命運就是禁止上映。

儘管如此，迪士尼執行長查佩克（Bob Chapek）仍然在5

月11日表示：「即使沒有中國市場，迪士尼的票房收入還是很好。」

查佩克如此自信滿滿，當然是因為《奇異博士2》的全球票房已超過5億美元。回頭看《奇異博士》第一集全球票房6.77億美元，其中有1.09億美元來自中國。這次雖然少了中國市場，迪士尼卻不擔心，因為先前已有多部漫威電影無法通過中國審查。現在掙脫了這個束縛，反而能拍出更好的電影。

好萊塢電影界一向很在乎中國市場，為討好中國觀眾，往往連劇情都被迫修改；也會小心翼翼地自我審查，避免某些沒注意到的細節不慎觸及中國底線。不過許多跡象顯示，風向正在悄悄出現變化。

過去兩年，澳洲與中國嚴重交惡，不僅紅酒、牛肉和龍蝦，連煤礦和鐵礦砂的生意都遭受嚴重損傷，很多人認為澳洲經濟應該很慘。但是，山不轉路轉，路不轉人轉，澳洲努力找到其他買家，這兩年的經濟景況反而很好。

正當《奇異博士2》橫掃全球卻獨缺中國的微妙時刻，拜登展開亞洲行，從美韓雙邊協定到「印太經濟框架」（Indo-Pacific Economic Framework，IPEF），再到「四方安全對話」（Quadrilateral Security Dialogue，Quad），一連串聯合陣線擺明衝著中國而來。我相信，未來的世界要漸漸適應沒有中國市場的全新遊戲規則了！

Part 2

挫敗——
中國優勢走到盡頭

10
中國經濟走入拐點

三十多年來，即使經歷亞洲金融風暴、全球科技泡沫，
甚至遭受金融海嘯侵襲，中國經濟始終保持高速成長的步伐。
然而……

原本中國可以自豪地說，他們即將改變「以投資拉動」的成長模式。這個國家擁有14億人口龐大市場，下一步將從投資驅動轉向消費驅動，僅僅仰賴內需消費就能維持成長動能。不過美中翻臉相向後，中國面臨的挑戰比任何時期都還嚴峻。

首先，過往仰賴外國直接投資、由投資拉動的經濟結構，支撐了中國經濟三十年。因此，川普祭出貿易戰的目的，其實要驅趕中國製造業；他甚至表明，讓美國企業離開中國的生產基地，正是他的初衷。美國將關稅越加越高，就是暗示全球製造業必須想辦法離開中國，只要外國直接投資金額下滑，中國的經濟發展必然減速。

事實上，貿易戰的心戰喊話威力更大，這是一種「搖大樹理論」。現在中國已是一棵大樹，任何巨大壓力都不會讓它受到太大傷害；不過只要貿易戰持續下去，就像天天搖一棵大樹，樹葉逐漸掉落，進入中國的資金水位就會下降，中國經濟將會越來越辛苦。

其次，數十年來，中國憑藉龐大出口累積順差，每年至少從美國賺取將近4000億美元的貿易順差。如此龐大的順差，自然也累積驚人的外匯存底，轉化成人民幣通貨，而寬鬆的貨幣供應又推升炒高房價的火力。這種模式若是停了下來，中國經濟必然出現大麻煩。

最後，中國也要面對境內資金外逃的壓力，包括過去三十年到中國設廠的製造業陸續遷廠，以及在中國境內致富的富人資本出逃。中國的外匯存底一度逼近4兆美元，現在必須力守3兆美元關卡；若是跌破3兆美元，中國經濟可能出現翻天覆地的巨大變化。

GDP減速傳遞的訊息

鄧小平的改革開放有三個重點：一、不管白貓黑貓，只要能抓到老鼠就是好貓；二、在轉向具有中國特色的資本主義道路上，「摸著石頭過河」；三、讓少數人先富起來。改革開放把中國從文革禁錮的年代解放出來，加入資本主義發大財的誘因，這是中國經濟快速奔馳的起點。

國家的政經體制就像雙腳，一隻腳是政治，另一隻腳是經濟。因此，改革開放雖然促使1980年代的中國經濟快速發展，卻也引來民主改革浪潮，最終激盪出天安門事件。可惜的是，要求民主改革的呼聲並未成功，也終結了胡耀邦與趙紫陽的時代。

回顧歷史，1989年是個重大轉折點，天安門事件提供外國資金進入中國的絕佳機會。這一年日本經濟泡沫吹破，台灣也在隔年跟著步入泡沫破裂後的調整時代。至於中國，則是在江澤民與胡錦濤的主政下積極招商引資，走向更快步的改革開放路線，促使中國經濟進入快速奔馳的黃金時期。

三十多年來，即使經歷亞洲金融風暴、全球科技泡沫，甚至遭受金融海嘯侵襲，中國經濟始終保持高速成長的步伐。

然而，2018年3月開打的美中貿易戰，逐漸對中國經濟造成衝擊。根據中國國家統計局的公告，2019年第三季GDP（Gross Domestic Product，國內生產毛額）成長率已降到6%，這是1992年正式統計以來的新低。綜觀這一年的前三個季度，GDP成長率分別是6.4%、6.2%及6%，明顯呈現逐季下滑趨勢。再往前看，2017年四個季度的GDP分別是6.9%、6.8%、6.8%及6.8%，2018年四個季度則是6.8%、6.7%、6.5%及6.4%，都是呈現「一季還比一季低」的態勢。

面對如此情勢，中國國務院總理李克強在2019年10月14日主持經濟形勢座談會時表示，經濟下行壓力加大，實體經濟挑戰艱鉅，「要把穩增長、保持經濟運行在合理區間，放在更加突出位置」。交通銀行的報告也指出，中國經濟仍延續下滑態勢，第四季GDP可能跌破6%；不過，前三季平均仍有6.2%，全年仍可實現「保六」目標。

交通銀行更提出，短期要實現「六個穩」：穩就業、穩金融、穩外貿、穩外資、穩投資、穩預期。這份報告認為，逆周期宏觀政策還是要適度發力，尤其是貨幣政策。相對於6%的經濟成長增速，大型銀行仍要承擔13%的存款準備金，適度下調存款準備金率是必要的！

與此同時，眾多國際經濟研究機構也紛紛下修中國經濟成長預測。國際貨幣基金組織將中國2019年的GDP成長預測從6.2%下調到6.1%；2020年可能再下調到5.8%，低於前次預估的6%。換句話說，中國的GDP成長率即將從8%、7%進入6%保衛戰。

經濟體越大，高成長越難

其實，任何經濟體都一樣，不會永遠保持快速成長。隨著經濟基期墊高，成長速度必定趨緩，中國亦不例外。

綜觀中國經濟發展的軌跡，在江澤民與胡錦濤主政時期，經濟成長增速相當可觀。例如1993年，名目GDP成長率高達31.2%，實質GDP成長率也達13.0%；次年的名目GDP成長率更高達36.3%，實質GDP成長率則是13.9%。直到1997年亞洲金融風暴和2000年科技泡沫，成長速度才短暫滑落到兩位數以下。

不過從2003年開始，中國又步上快速成長軌道，經濟增速恢復到兩位數。在胡錦濤掌權時代，GDP從2003年的10%、2004年的10.1%、2005年的11.4%、2006年的12.7%，一直到金融海嘯來襲前的2007年寫下14.2%高成長紀錄。尤其是2007年第二季，GDP成長率高達15%，這是中國經濟增速最驚人的時代。

到了2010年，中國的GDP成長率是10.6%，2011年降為9.6%，兩位數的高經濟成長終於告一段落。

從2012年到2014年，中國經濟進入保七階段，這三年的GDP成長數字分別是7.9%、7.8%及7.3%。從2015年起，則是開始保六階段，其後四年的GDP成長數字分別是6.9%、6.7%、6.8%及6.6%，刻畫著中國經濟從高速成長走向中低速成長的發展軌跡。這是經濟體發展的必然過程，就像台灣在1951年至1988年的高速成長階段，年經濟成長率達9.57%；從1988年到2008年金融海嘯前，平均經濟增速降為6.1%；從2008年到2018年，平均值則是降到2.7%。

所以，隨著規模越來越大，經濟體要保持高速成長也越來越難。

除了經濟成長指標，經濟體總量也值得觀察。1978年改革開放時，中國的GDP總量只有3679億人民幣，換算當時幣值約2185億美元。1982年，中國的GDP總量突破5000億人民幣，1986年則是突破1兆人民幣大關，這是中國經濟發展的重要里程碑。

如此高速的增速，促使中國的GDP總量在1995年突破5兆人民幣，2001年突破10兆人民幣，2012年突破50兆人民幣，到了2018年底更高達90兆人民幣。這真是人類經濟發展史上罕見的高速成長紀錄，也使得中國在2010年超越日本，成為世界第二大經濟體。

經濟華麗轉身的關鍵

現在，這種高速成長即將進入重大拐點。

想要保持跑百米般的快速增長，原本就有難度，遑論中國這麼龐大的經濟體。相較於1兆人民幣的經濟總量，逼近100兆人民幣的經濟總量所創造的經濟增速肯定大不相同，減速是很正常的，更何況這個國家正面臨貿易戰的衝擊。

換句話說，過去三十年由於美國的加持，中國經濟得以快速擴張；現在美國出手反制，中國經濟增速當然會變慢。

而且，中國經濟快速發展後，政治改革並未伴隨而來，取而代之的反而是比文革更深化的控制路線。藉由人工智慧發展與人臉辨識，中國政府將社會控制力深化到最高點，進而走向如北韓金正恩般的完全管制之路，這也大大削弱了中國經濟向前走的動能。當「國進民退」成為主流時，經濟想要大步往前走，恐怕只會步履艱辛。眼前大山橫亙，比起過往任何時期都還艱難。

面對這場從高成長進入中低成長的挑戰，最關鍵的就是創造經濟成長的「含金量」。長久以來，為追求快速成長，許多公共投資都是含金量很低的GDP成長，尤其是從房地產創造出的GDP。為了拉動GDP，也為了「保六」，中國國家發展和改革委員會在2019年推出21項基礎建設項目，金額高達7643億人民幣，包括重慶到昆明的高速鐵路、四川的新機場、鄭州的都會鐵路網等項目。這些為延續高成長而投入的巨額公共投資，若是形成了投資浪費，應該也無法提振中國經濟。

當然，已有明眼人看出「含金量不足」的問題。在2019年的世界虛擬實境產業論壇中，國務院副總理劉鶴發表了一段很有意義的談話：「中國經濟正陷入深刻的結構調整與再平衡，面臨經濟增速換檔與結構調整的陣痛。中國正在加快發展方式的轉變，必須更加重視內需與外需、消費與投資的平衡，更加重視創新驅動發展，推動中國經濟從高速成長向高品質發展轉變。」這一席話，正是中國經濟轉型的關鍵。

自1989年以來，中國經濟快速發展造就了成千上萬的富豪，但這條致富之路大多仰賴房地產的增值。後來，世人驚覺華為崛起了，中國在5G和人工智慧的發展也進入強國之列。因此，若能藉由貿易戰帶來的壓力，徹底落實智慧財產權，拿掉國家補貼之手，真正創造高品質的GDP含金量，很可能就是下一回合經濟華麗轉身的重要關鍵。

中國的明斯基時刻

美中貿易戰揭開序幕後，中國主流媒體一開始都信心堅定地表示，這是美國人拿石頭砸自己的腳，中國絕對奉陪到底、必定取得勝利，而且是「大打大贏，中打中贏，小打小贏」。可是，也有許多宏觀經濟學家言人所不敢言，例如吉林大學李曉、江西一家證券公司的首席經濟學家高善文、前人民銀行副行長吳曉靈等，他們都發表了擲地有聲的見解。

除了上述三位，前中國農業銀行首席經濟學家向松祚的觀點特別引人注目。他在2018年底大膽說出「中國經濟已陷入非常糟糕的境地」，認為中國的實質GDP可能只有1.67%，甚至可能是負值，引發市場高度爭議。

2019年1月20日，向松祚在上海一場論壇上再度開砲，強調中國經濟沒有樂觀的理由。他提出質問：「為何中國企業的槓桿那麼高、負債那麼多？」過去十年來，中國企業高速擴張，不僅資產擴張，連負債也擴張。企業仰賴的不是技術、增長動力、利潤與自有資金，而是向銀行借錢、發債、影子銀行等。「中國債務規模的惡性膨脹到什麼地步？」

朱鎔基之子朱雲來曾經提到，中國的債務已突破600兆人民幣。對此，向松祚強調：「像中國這樣上上下下，政府、公司、個人，全部通過債務泡沫、透過槓桿在擴張，這種經濟模式能持續下去？如果能持續下去，就是天理不容！」他還提出警告：「金融去槓桿防風險嚴監管，將造成許多企業資金斷鏈。」

針對股市暴跌，向松祚也提出真知灼見。2018年，深圳和上海股市跌了30%，市值掉了7兆多人民幣，這種災難直比1929年的華爾街股災。他直言，中國股市最根本的麻煩，就是企業不賺錢，沒有幾家企業的利潤超過10億人民幣。

至於美中貿易戰，向松祚則是打個有趣的比喻：「世上有些事物是不可逆的，一旦杯子打破，就很難復原。如同兩個人談戀愛，一旦把心傷了，就很難回到原來的狀態。」

在向松祚眼裡，中國人玩債務、玩金融，最終都是建立在沙漠上的海市蜃樓，很快就會全面崩塌，而這種崩塌就是「明斯基時刻」（Minsky Moment，美國經濟學家明斯基提出的理論，意指資產價格過度膨脹進而一夕崩盤的時刻）。因此，日後將有那麼一刻，大家會突然意識到，自己購買的資產變得一文不值，也對所有資產失去信心，然後瘋狂地逃走，卻沒有任何人逃得出去……

11

被踩扁的螞蟻，被退休的馬雲

對於一生叱吒風雲的馬雲，甚至對於整個阿里巴巴集團來說，2020年都是重大的考驗時刻。

2019年11月26日，阿里巴巴集團回到政局波動的香港上市。新掌門人張勇興奮地表示，雖然五年前錯失機會，阿里巴巴終究還是回到香港。這次的上市敲鐘大典，邀來8個國家、10個合作夥伴，代表阿里巴巴走向全世界。相較於2014年9月19日，阿里巴巴在紐約證券交易所正式掛牌，馬雲帶領8家中國企業參加敲鐘大典，代表中國企業走向美國，兩者意義截然不同。

上市當日，阿里巴巴以每股176港幣掛牌，盤中股價最高達到189.5港幣，收盤時187.6港幣，上漲6.6%，參與國際配售與公開認購者都小有獲利。這次國際配售與公開認購總計發行5000萬股，發行股份總數達29.9879億股，在美股價漲到194.7美元，市值達5838.64億美元，超越臉書的5674億美元，成為全球第五大市值企業。此外，阿里巴巴也以超過4兆港幣擊敗騰訊的3.2兆港幣，成為全港市值最大的上市企業。

阿里巴巴回港上市，揭開中資企業返回中國與香港資本市場的序幕，也為香港股市帶來更多中國特色。日後，阿里巴巴與騰訊、美團、小米等企業將成為香港股市的重中之重。

另一方面，過往到美國上市的中資企業，如百度、網易、攜程網，也會在阿里巴巴的示範下，加速回到港深滬股市上市。同時，美國也加大財報查核，部分財報不實的企業將會加速現形，例如曠視科技原本要在美國上市，卻被美國商務部列入黑名單，只好申請回港掛牌。

未來的香港，可能成為中國權貴資本撤離中國的窗口，阿里巴巴回港上市只是開端。

螞蟻雄兵上市被阻

馬雲是當代中國非常成功的企業家。1999年6月28日，他在杭州創立阿里巴巴，秉持著「使天下沒有難做的生意」初衷，整個集團蓬勃發展、日益壯大，服務範圍包括B2B貿易、網上零售、購物搜尋引擎、第三方支付、雲計算服務。2015年的商品交易總額超過3兆人民幣，是當時全球最大零售商。

不過，人類歷史總是重複上演著「盛極而衰」的劇碼，就像股市上漲太多往往暴跌一樣。馬雲風風火火的一生，從2019年開始產生劇烈轉變：他在當年9月10日宣布，即日起不再擔任阿里巴巴集團董事局主席，改由張勇接任。到了2020年10月1日，甚至卸任阿里巴巴集團董事一職。從此，厄運開始纏繞著馬雲……

原本預計於2020年11月5日同時在香港和上海掛牌的螞蟻集團，掛牌前最後一刻突然喊停，這是全球資本市場頭一遭個案，相當令人震撼。所有大型機構法人皆已完成圈購，一般散戶投資人也繳了錢，華爾街投資銀行正準備開香檳切牛排，迎接數十億美元的承銷及股票圈購利益入帳。結果，就在臨門一腳的關鍵時刻，球門被挪走，馬雲被約談，螞蟻集團上市案被迫喊停。

這次螞蟻集團上市創下地表最大集資紀錄，中港兩地全面動員，光是集資金額就高達2672億港幣，香港凍結散戶的資金超過1.3兆港幣，至少有155萬人參加申購，連台灣的國泰和富邦集團都參與認購。自從阿里巴巴、百度和網易相繼回港上市，這些在美國上市的中資企業都是華爾街投資銀行的龐大利益。值此美中角力之際，中國用利益綁住親中反川普的華爾街，整起事件頗不尋常。

馬雲是螞蟻集團創辦人，集團正式上市前十天（10月24

日），在上海舉辦的第二屆外灘金融峰會上，他批評中國政府日益嚴格的金融監管阻礙了科技發展，還批評中國金融市場根本沒有系統。眾多媒體認為，這番話徹底激怒中共高層，導致螞蟻集團無法上市。

不過，馬雲口鋒向來犀利，僅僅一場峰會論壇的發言，就讓整個上市案停擺，也讓華爾街準備切牛排的刀子被迫放下，內情應該不單純。

其實，螞蟻集團的股權結構過於複雜，引發中共當局不安，恐怕也是上市案喊停的原因之一。如果螞蟻集團潛藏著反習派股東，上市後的市值又竄升到4000億美元以上，這樣的力量絕對非同小可。

馬雲雄心壯志被擋

螞蟻集團又稱為「螞蟻金服」，上市案停擺造成眾多投資人虧損，馬雲再怎麼騰雲駕霧也無力回天。對此，中國網民敢怒不敢言，只能在網路上以諧音「馬已今服」嘲諷時政、苦中作樂。

對於一生叱吒風雲的馬雲，甚至對於整個阿里巴巴集團來說，2020年都是重大的考驗時刻。螞蟻集團在上市前突然喊停，拍板定案者是黨中央最高領導人，想要重新啟動上市的機率應該微乎其微。大好江山被斷了金流，直接衝擊阿里巴巴和淘寶，衝擊層面還會不斷擴大。

此外，上市案被迫喊停後，中國國家市場監管總局就在11月10月公布了《關於平台經濟領域的反壟斷指南（徵求意見稿）》，時間點未免過於巧合，針對性十足。這部法令強力規範違反市場公平競爭的行為，對於近年快速崛起的新經濟企業造成重大影響，包括騰訊、京東、美團和小米皆難以倖免，其中以阿里巴巴的股價跌得最慘：在美掛牌的股價從319.32美元跌到252.55美元，市值蒸發1806.55億美元；在港掛牌的股價則是從309.4港幣跌到246.2港幣，跌幅超過20%。這是阿里巴巴罕見的股價大回檔。

雪上加霜的是，根據香港中央結算系統顯示，從11月5日起，阿里巴巴美股ADS託管銀行花旗在香港的持倉部位，從12.6億股爆增到28.98億股，占發行股份13.39%，似乎有大股東要將存在美國的股票搬到香港來出清。根據猜測，很可能是孫正義的軟體銀行要套現。這麼大的籌碼在香港股市賣出，對阿里巴巴的股價來說絕對是個大考驗。

面對接二連三的挑戰，馬雲要如何化解呢？或許，早在2019年「被迫」交出阿里巴巴兵符時，就應該退得乾乾淨淨，才能杜絕接踵而來的後患。

一夕落難變瘟神

後患果真無窮無盡，時隔不到一年，《彭博社》專欄作家任淑莉於2021年9月2日撰文指出，北京準備再次整頓粉絲文化，監管打擊已從企業界延伸至娛樂圈，馬雲的處境將更加艱難，跟在他身邊的政商名流也遭受波及。媒體開始翻舊帳，當年馬雲愛唱歌愛作畫的高調作風，如今有如「呈堂證供」被持續翻出。

馬雲極具表演天賦，曾在阿里巴巴十八周年慶祝會上模仿麥可·傑克森跳舞，博得滿堂喝彩。更經典的是，王菲竟然在2020年9月9日現身淘寶直播，與馬雲高歌合唱〈如果雲知道〉。當時馬雲拉著高音，將其中一段歌詞改成「其實雲知道，逃不開淘寶的牢」，現在看來彷彿是個不祥預兆。

此外，馬雲在2015年和曾梵志共同創作的《桃花源》，後來也被拿出來檢視。這幅貌似地球的圓形畫作，預估價是250萬港幣，當時從120萬開始喊價，經過32輪後，以3600萬港幣成交；若是加上手續費，成交價是4220萬港幣。馬雲的畫作高價賣出成了拍賣市場大新聞，而買下這幅大作的就是他的好朋友：環球國際控股董事長錢峰雷。

在此之前，馬雲自創的一幅《馬體墨寶》也在雙十二創佳績後以242萬港幣賣出，當時馬雲就開玩笑說，五百年後要以50億港幣買回來。另一幅墨寶《話禪》，也被浙江永利集團董事長周永利以468萬港幣收購。

一人得道，好友升天。在馬雲意氣風發的年代，藝術家好友曾梵志的畫作《最後的晚餐》創下1.8044億港幣的空前成交紀錄，這樣的成交金額看來也是馬雲其他好友頂上去的。

當年那些風花雪月美事，如今全被拿來放大檢視，同歡同樂的朋友圈全都「逃不開馬雲的牢」。有篇諷刺馬雲的文章寫道：馬雲是雲、電商、金融、公益大亨；同時，他也是歌唱家、書法家、畫家……

多才多藝的馬雲原本是人人崇拜的大英雄，可惜功高震主，最後有如雍正年間的大將軍年羹堯，一夕落難。

曲終人散，退隱山林

2022年4月底，微博出現一張梗圖，標題是「這些大佬全部隱退，不再對外發聲」，底下寫道：「抖音的張一鳴清空過去發出的所有微博，美團的王興清空1.7萬多條、百萬字個人隨筆，馬雲很久沒有對外發言，京東的劉強東、拼多多的黃崢、快手的宿華也都隱退了……

這些被點名的創業家，年紀最大的馬雲是1964年次；年紀最輕的張一鳴是1983年次，還不到40歲。黃崢是1980年次，王興是1979年次，劉強東是1974年次，宿華是1982年次，他們正處於最有戰鬥力的黃金時代。若是再將馬化騰算進來，1971年生，剛過50歲，也是能拚能戰的年紀，沒想到他們的戰場都不見了。

馬雲曾經來台作客，公開批評台灣企業家太老，又說台灣年輕人太便宜。他與張忠謀對談時，乍看像爺孫組合，但張忠謀年逾九旬依然可以發表高論，馬雲未滿60卻只能噤聲不語。僅只是幾年前，阿里巴巴的市值是台積電的2倍多，如今竟不到台積電的一半。

不論是阿里巴巴、騰訊、美團、百度或京東，這些新經濟企業都是中國科技創新的引擎。從歷史照片上，我們看到馬化騰、馬雲和劉強東剛創業時的青澀樣貌，他們在新時代獨領風騷，成了鄧小平「先讓少數人富起來」的經典代表人物。過去二十年間，在中國這片廣袤土地上，開疆闢土的新人輩出，早已將觸角延伸至全世界。

以前常有人指責台灣年輕人沒有狼性，現在沒人這樣說了，反而是全中國流行「躺平」。中國的國進民退已成主流，像黃崢退隱之前，三次響應「共同富裕」政策，拼多多的股價因而慘跌不起；阿里巴巴、騰訊、美團等企業也越來越無力。企業家的創新力量式微，取而代之的是明哲保身的隱退，這就是中國經濟下行最核心的問題所在！

成也馬雲，敗也馬雲

2021全年，日本富豪孫正義的軟銀集團虧損1.76兆日圓，旗下的願景基金更虧損2.64兆日圓。雖然媒體給出的標題是「孫正義敗走中國」，但我認為，更精準的說法應該是「成也馬雲，敗也馬雲」。

除了孫正義，新加坡總理李顯龍的夫人何晶也是苦主，她擔任董事的投資公司淡馬錫控股同樣損失慘重。

孫正義在2000年前後看中馬雲的潛力，成為馬雲背後最大金主。阿里巴巴上市後，軟銀集團成為最大贏家，除了逢高出脫股票獲利，阿里巴巴也扶植許多企業，大家跟著一起投資，戰線越拉越長。阿里巴巴股價最高時，軟銀的年度淨利是5.08兆日圓，股價也漲到10695日圓。在日本深陷泡沫調整的年代，孫正義是最成功的創業天使。

直到馬雲走下神壇，因馬雲而起的天使投資人紛紛被打回原形，孫正義大力押寶的滴滴出行、叮咚買菜、滿幫集團、京東物流、在美上市的Grab、押注很大卻沒成功的WeWork……全燙到自己的手。滴滴出行從18.01美元跌到1.71美元，叮咚買菜從46美元跌到2.51美元，Grab從9.1美元跌到2.31美元，跌到孫正義苦不堪言。

而讓淡馬錫控股遭受嚴重損傷的，則是中國的補教產業。何晶非常看好中國補教業的前途，大力押寶，沒想到不敵中國政策，絕大多數補教股暴跌逾九成，她也因此在2021年10月黯然辭去首席執行長一職。

自2000年以來，馬雲開啟了中國互聯網新時代，他的思緒靈活，戰場越搞越大，背後的啦啦隊也跟著沾光。現在馬雲突然停下腳步、被迫退隱山林，一大群人彷彿從馬背上摔了下來。這齣橫跨二十年的馬雲傳奇，絕對是投資學課堂上的經典代表作！

12

滴滴出行，監管出手

從馬雲風暴一直到《反壟斷法》，
再到滴滴引來針對網路企業反競爭行為的加大執法，
中國政府對網路企業的收緊控制已形同拔光虎牙。

2021年7月1日是個大日子，這一天是中國共產黨建黨一百周年，中共中央委員會總書記習近平在天安門廣場上舉行慶祝大典，訴說中國百年來的英勇奮起，也警告外國勢力莫想欺侮中國。

就在慶典前幾個小時，號稱2014年阿里巴巴赴美集資250億美元後最大的滴滴出行上市案，於美國時間6月30日在紐約證交所敲鐘掛牌。

滴滴出行是一款基於分享經濟的手機應用程式，可在手機上預約未來某個時間使用或共乘交通工具。一開始只能預約計程車，後來發展出多種用途，包括順風車、代駕、試駕、拼車……等。而且，這款程式與多個第三方支付合作，方便用戶同時在手機上叫車並付款，成為全球最大的叫車服務平台。

創立於2012年9月的滴滴出行始終是市場目光焦點，它開創全新的搭車營運模式。因此，從首輪融資一路下來，滴滴的投資卡司號稱全中國最強大，從阿里巴巴、騰訊、軟體銀行，再到所有的中國大咖創投、擁有國家資本的招商建設銀行，都是滴滴的大股東，甚至吸引超過20家具有國資背景的投資銀行參與。

根據外媒《The Information》報導，滴滴上市前，光是孫正義的軟銀就出資120億美元，上市後對滴滴持有20.02％股權。若以每股14美元的掛牌價來看，軟銀擁有的滴滴市值大約137億美元，投資回報率約14％。

華爾街大亨都把滴滴出行當成令人垂涎的肥羊，準備享受一頓大餐。根據報導，從6月11日正式遞交招股書到30日獲准掛牌上市，只花了短短二十天，創下華爾街有史以來最快紀錄。而且，滴滴只花三天就確定發行價格，這也是華爾街最有效率的上市案。

出行紐約卻出事

既然是華爾街爭搶的大肥羊，超額認購肯定十分熱烈，華爾街投行可以大賺一筆。滴滴出行原本招股2.88億股，但因為過於熱烈，進而擴增到3.17億股，至少集資44億美元。

因此，在股票還沒上市之前，MSCI指數就表示，6月30日掛牌後立即將滴滴列入中國全股票指數行列；富時羅素全球指數也宣布，從7月8日起納入滴滴。此刻的滴滴就像黃袍加身，眾多榮耀聚焦在身，吸引各方關愛眼神，所有人都想從中大賺一票。

不過，風光歸風光，上市後的股價並未出現預期性大漲。開盤時16.65美元，盤中最高達18.01美元，最後收盤在14.14美元，只比承銷價14美元漲了1%，似乎有不祥預兆。過往中資股掛牌時，華爾街總是張燈結綵、敲鑼打鼓；滴滴出行等於是在中國這個廣大市場占有率超過80%的Uber，背後還有軟銀、阿里、騰訊和一堆大咖創投資金，股價怎麼可能不漲？

詭異的是，上市首日成交了2.88億股，可看出很多人急於套現。雖然隔天股價上漲了2.26美元，收盤在16.4美元，但7月2日又下挫了5.3%，收盤在15.53美元。看來，滴滴的未來充滿變數，而且烏雲密布。

果不其然，上市不到三天，黨中央就出來潑冷水了。據說，高調赴美上市的滴滴出行竟然沒有事先報備，因而很快招來重擊，出行之後果真出事了！

7月4日，中國國家互聯網信息辦公室質疑滴滴將數據資料交給美國，要求滴滴出行App在應用商店整體下架。同時間遭到波及的，還有已在美國上市的貨車資訊平台「滿幫集團」，以及招聘平台「BOSS直聘」。中國網路安全審查辦公室宣布，將依照《網路安全審查辦法》，針對BOSS直聘、滿幫集團旗下的物流平台「運滿滿」和「貨車幫」實施網路安全審查。

當然，一向為中共鷹派喉舌的《環球時報》也不落人後，立即發表評論文章：「中國絕不能讓任何一家互聯網巨頭，成為比國家還詳細掌握國人個人訊息的超級數據庫，更不能給它們對那些數據的隨意使用權。」《環球時報》指出，滴滴似乎已有能力針對個人的行為習慣進行大數據分析，將對個人構成潛在的訊息風險。而且，滴滴在美上市後，排名第一和第二的股東都是外國公司，國家對它的訊息監管當然要更嚴格。

黨中央潑了這麼一大盆冷水，股價肯定打個大寒顫，果然在7月6日大跌將近20%，收盤價12.49美元。這下子，想從滴滴身上賺大錢的投資人全套牢了，創辦人程維和柳青的身價也嚴重縮水。這是中國收緊互聯網行業的明確信號，所有在美上市的中資企業全部跟著跌，像百度跌了9.75%；阿里則是連四天下跌，市值剩下5736億美元。

華爾街宰肥羊的戲碼結束了

面對《環球時報》的當頭棒喝，滴滴副總裁透過社交平台解釋，滴滴跟眾多在海外上市的中企一樣，中國用戶的數據都存放在國內的伺服器，絕不可能提交給美國。然而，這份聲明無法改變中國監管當局的態度，廣東監管當局立即宣布，即將針對大型網路平台「二選一」「大數據殺熟」[1]和「封禁」[2]等反競爭行為加大執法。至此，中國新一輪網路監管風暴再起，市場擔心其他網路企業的應用程式也遭受處罰，在港上市的中資網路股紛紛重挫。

7月5日，騰訊股價大跌20.5港幣，跌幅3.57%。阿里巴巴受到《金融時報》報導馬雲與蔡崇信股票質押的衝擊，股價跌了6港幣，跌幅2.83%。其他如美團大跌17港幣，跌幅5.59%；最慘的是快手，重挫10.8港幣，跌幅5.9%。

從馬雲風暴一直到《反壟斷法》，再到滴滴引來針對網路企業反競爭行為的加大執法，中國政府對網路企業的收緊控制已形同拔光虎牙。這一連串肅殺執法，再加上美國祭出針對中資企業的制裁，曾經風光一時的中國網路企業統統陷

1 編按：指同樣的商品或服務，網路商家的老客戶看到的價格反而比新客戶要貴出許多的現象。

2 編按：指在網路上透過剝奪使用者的某些權限，來使該使用者的ID或IP無法繼續進行瀏覽網頁或發送訊息。

入兩面夾殺窘境。

與此同時，臉書市值超越1兆美元，這是科技股的大事。美國前五大科技巨擘的市值都上兆了，蘋果以2.34兆美元居首，微軟以2.09兆美元居次，谷歌和亞馬遜也都站上1.7兆美元。

相反地，中國兩大企業騰訊與阿里巴巴的市值卻不斷蒸發。騰訊股價最高漲到775.5港幣，市值達7.408兆港幣，約9522.1億美元；阿里市值最高也曾站上8657.14億美元，兩者市值都一度超越臉書。可是，當臉書市值站上1兆美元時，騰訊卻剩下5.36兆港幣（約6968億美元），阿里市值剩下4.5兆港幣（約5850億美元）。很明顯地，中國在這場科技競賽落居下風，似乎在監管與發展之間陷入兩難困境，滴滴事件只是促發更多問題浮上檯面。

於是，華爾街大亨在中資股宰肥羊的戲碼，應該也接近尾聲了！

一次燒光所有攤位

這一輪猛烈的加大監管力道，已衝擊到有意赴美掛牌的中資企業。小米的雷軍眼見苗頭不對，立即捐出市值20億美元的股票給中央。過往對中企趨之若鶩的華爾街投行，這回也全燙到手，卻又不敢公開喊冤。好不容易等到中國市場開放，紛紛投入龐大資金部位，沒想到全部成了待宰羔羊。

從2021年8月往前回推一年，中國進行許多重大改革，包括用《反壟斷法》掐住科技龍頭；高喊「房住不炒」掃到大型房企；然後是上海高中招生改革，形同廢除學區房制。接下來就是一刀砍向補教事業，這項政策的打擊面龐大到幾乎打掛整個產業。

在民主社會中，若要施行如此茲事體大的政策，政府一定會事先與業者溝通協商；但是在中國，只要一紙命令下來，就能打趴整個產業。2021年7月24日，《關於進一步減輕義務教育階段學生作業負擔和校外培訓負擔的意見》（簡稱「雙減政策」）一落地，校外培訓行業幾乎滅頂，資本市場完全躺平，毫無轉圜餘地。

於是，新東方學校的股價從分割前的199.97美元跌至1.92美元，好未來教育從90.96美元跌到4.03美元，高途課堂從142.7美元跌到3.26美元，中國線上教育從37.19美元跌到2.73美元。這就像在市場中放一把火，一次燒光所有攤位。

一場教育體系大變革，使得圍繞在補教產業的生態鏈瞬間斷裂，投資補教業的創業家瞬間蒸發千億美元身價。衝擊最大的是新東方學校的俞敏洪，以及2020年投資81億美元發展中國線上教育平台的華爾街資本家。根據統計，這次政策改革造成美國和香港中概股市值蒸發7690億美元，等於一把火燒掉台灣上市公司四成的市值，大家都不理解黨中央為何要這樣做。

當初鄧小平決定先讓少數人富起來，經過數十年，這些「先富者」的財富已經到了難以想像的地步，馬雲和馬化騰就是代表性人物。如今，習近平追求「共同富裕」，打算重新畫定「市場化」的界線，重新認定市場在資源配置中的角色，重點在教育、住房與醫療等三方面的改革。從「共富」到「擴中」（擴大中等收入群體），以「內循環」為重心，實現消費擴大與消費升級，就是習近平改革的如意算盤。

所謂「先讓少數人富起來」，就是最聰明的跑最快。但是，現在卻把那些跑得快的拉下來，跑得慢的卻不一定能跟上，改革盲點就這樣出現了。光是新東方就有117所學校、1518家補習班和46000名老師；好未來在全國331個城市有45000名員工，改革補教行業措施造成這些人頓時陷入困境，股市市值也瞬間蒸發，代價實在太大了！

過去三十年，投資中國一本萬利，成為全球投資顯學。最具代表性的就是橋水基金（Bridgewater Associates）創辦人達利歐（Ray Dalio），堪稱是中國最好的朋友，只說中國有多好、美國有多麼不好。這些年，他極力鼓吹投資中國，認為人民幣一定能取代美元，中國經濟規模一定會超過美國。2020年在馬雲出事的論壇上，達利歐就力主人民幣取代美元。

然而，這場監管風暴使得橋水旗下基金損失慘重，據說超過百億美元。至於過去加碼中國科技股相當積極的方舟投資（ARK Investment Management LLC）女股神伍德（Cathie Wood），則是用力出清中國科技股，包括阿里、騰訊、比亞迪等，她認為應該開始遠離中國科技股了。

大家將會慢慢發現，中國已從開放走回監管老路，昔日的世界工廠、14億人口龐大市場、超高消費力、企業無窮盡成長，如今都走到關鍵十字路口。因此，2021年這場監管風暴，很可能是全球資金重新評價中國投資的起點！

黨中央才是真正的老闆

上市後紛紛擾擾了近半年，滴滴出行的處境陷入兩難，只好在2021年12月3日對外表示，打算從紐約證券交易所下市，並尋求在香港上市。滴滴在微博上宣布這項消息：「經認真研究，公司即日起啟動在紐交所退市的工作，並啟動在香港上市的準備工作。」

不過，即使是回港上市，過程也是一波三折，至今仍無法如願。股價最慘的時候，曾經跌到1.76美元，孫正義持有20%股權的願景基金成了最大輸家。

可憐的滴滴於2022年5月23日舉行臨時股東會，以96%的票數支持從紐約證券交易所下市，並於6月2日正式提交申請表格，申請十天後將正式下市。

該公司發布公告表示，待公司恢復正常營運後，可能會尋求在另一處證券交易所上市。因此，在實際可行的情況下盡快下市，並完成「必要的整改措施」，才是對所有股東最有利的做法。

馬雲並不孤單，一大群中國創業家跟著他一起落難。從螞蟻上市驟然喊停，到滴滴上市引來重擊，短短不到一年的風雲變色，扎扎實實為所有對中國存有夢想的人們上了一課：中國沒有資本家，唯一的老闆，就是黨中央最高領導人！

13 如骨牌般倒下的中國房企

**面對房企的龐大債務，習近平要求銀行必須清理債務，
黨中央也三令五申要求許家印處理資產、償還債務。
但是能賣掉的資產所剩不多，這些房企最後只剩一條路：
把龐大債務丟給國家！**

2021年9月13日，上百名「恒大財富」理財產品投資人衝到恒大集團位於深圳的總部，包圍恒大財富總經理杜亮，要求公司出面解決問題。對於重視形象的中國社會而言，投資人這番搏命演出已為恒大的未來敲響警鐘。

遭遇街頭抗爭後，恒大集團股價持續雪崩下挫，從最高20.4港幣崩跌，到中秋前夕已跌到2.52港幣。恒大集團的另一家關係企業恒大物業，股價也從19.74港幣跌到3.93港幣。至於曾被批評沒賣出任何一輛車、市值卻一度超過7077億港幣的恒大汽車，股價也從72.45港幣跌到2.92港幣。最後，還有恒大與騰訊合資的恒騰網絡，儘管騰訊增加持股，股價仍擋不住跌勢，從17.8港幣一路跌到2.3港幣。

擺在眼前的問題是：股價重挫、市值縮水，即將呈現

「資不抵債」的窘境。

房地產崩盤的第一張骨牌

首先，我們要觀察恒大集團4家企業的市值變化：恒大股價漲到32.5港幣時，市值達4303.71億港幣，此刻剩下335.2億港幣。恒大物業在股價19.74港幣時，市值達2134.05億港幣，此刻剩下480億港幣。最慘的是恒大汽車，市值最高曾到7077.6億港幣，此刻剩下298.9億港幣。至於恒騰網絡，也從最高市值1643.76億港幣，狠狠跌到212.4億港幣。

股價雪崩造成市值大幅縮水，債務卻依然高懸，這是企業走向土崩瓦解的開端。檢視恒大集團的債務，直到2021年上半年為止，借款餘額約有6920億港幣，包含短期借款2933.1億港幣與長期借款3986.93億港幣；但其中還有一項「其他負債」1.62兆港幣，因此所有負債加總後超過2.3兆港幣。

四家企業的市值加起來僅剩1326.5億港幣，負債卻超過2兆港幣，整個恒大集團被龐大的債務包圍，根本無力回天。因此，雖然倉皇無助的大小股東用力賣股票，賣出的速度卻比不上股價下跌的速度，這些股票最終還是變成壁紙。

對此，台灣的中央銀行在臉書粉專上發文，將深陷財務風暴的恒大比喻成2008年「雷曼事件」翻版。雖然在中國嚴格的監管體制下，這顆未爆彈或許不會像雷曼兄弟公司破產、導致連鎖效應襲擊全球那般恐怖，但恒大集團可能是牽動中國房地產崩盤的第一張骨牌。

其實，恒大牽動的「資不抵債」效應，也曾在1990年代的台灣發生過。

當年台股從歷史高點12682點急墜到2485點，也將1980年代許多操作超高槓桿、負債急速膨脹的建商打出原形。從1990年到1998年亞洲金融風暴，這些寅吃卯糧的高槓桿建商紛紛倒閉：國揚建設的侯西峰曾爆發危機，後來東山再起；巨群集團的吳祚欽捅出大紕漏，拍拍屁股一走了之；至於陳政忠的宏福建設、張朝翔和張朝喨兄弟的國產汽車，則是從此殞落。在那個充斥金錢遊戲的年代，被歷史洪流掃掉的台灣建商多到不勝枚舉。

骨牌效應越滾越大

明眼人皆知，恒大風暴背後牽涉的問題千絲萬縷、錯綜複雜。在房地產向上奔馳的順境中，各家建商極度擴張，幾乎到了無所不能的地步，像王健林的萬達集團和許家印的恒大集團都曾擁有歐洲足球隊。然而，當習近平加大監管力道時，率先浮現的即是「資不抵債」的危機，而恒大崩盤也牽連到整個中國的房地產企業。

首先檢視那些在香港上市的中國房地產企業：第一家是接下樂視網爛攤子的融創中國，那陣子股價跌跌不休，從近一年最高的35.9港幣跌到13.32港幣，市值只剩667億港幣，債務竟然高達1.103兆港幣。因此，眼看恒大集團的投資人走上街頭，融創中國的投資人也群起效尤，上街要求董事長孫宏斌還債。

另一家房地產企業，則是原本開價30億美元賣給美國黑石集團（Blackstone Group）的SOHO中國。當SOHO中國創辦人潘石屹夫婦被發現早已遠走美國後，股價瞬間從4.78港幣跌到1.92港幣，市值僅剩105億港幣。假如潘石屹能以30億美元順利售出，SOHO中國在2020年還有233.4億港幣的價值。但後來黑石集團收購破局，導致股價跌落谷底，SOHO中國卻還有399億港幣的債務，情況相當不妙。

此外，前中國政治局常委曾慶紅的姪女曾寶寶創辦的花樣年控股集團，股價也加快下挫，從1.64港幣跌到0.54港幣，市值剩下31.74億港幣，負債卻高達997.64億港幣，這也是標準的「資不抵債」範例。

香港還有兩大地產商，一是許榮茂的世茂集團，二是楊國強的碧桂園控股。恒大風暴發生後，世茂股價從37.25港幣跌到13.4港幣，市值490億港幣，負債卻高達5634.08億港幣。碧桂園控股是中國最知名的房企，創辦人楊國強一度是中國首富，依然被恒大的颱風尾掃到，且它的問題比世茂集團還可怕，股價從11.44港幣跌到6.52港幣，市值僅剩1565億港幣，負債卻高達2.09兆港幣；單是流動債務即高達1.76兆港幣，稍不小心就會被熊熊烈火燒到。

至於在中國A股掛牌的兩家知名房地產企業，其中萬科集團在A股的股價從34.6人民幣跌到18.93人民幣，市值剩下2208.7億人民幣，負債卻高達1.59兆人民幣。尤其在集團創辦人王石宣布退休後，公司面臨的考驗就更大了。

另一家則是在恒大風暴中最常被討論的華夏幸福。從2020至2021年，華夏幸福在A股的股價最高有16.46人民幣，風暴後狠狠跌到3.64人民幣。2021上半年的本業虧損是104.6億人民幣，負債達3923.4億人民幣，市值僅剩113.2億人民幣。這家企業是等待引爆的地雷，將會危及第二大股東中國平安保險集團。2021上半年，華夏幸福讓平安保險集團吃下32億美元的損失，使得集團股價接近腰斬。

在微博上，還有人點名了25家地雷房企，包括綠地、金地、藍光、新城、寶能等，這些房企的問題都很類似：在房地產上升波段時，槓桿操作越來越大，事業版圖也像八爪章魚般越見多元。然而一旦房價到頂，被撐大的債務相對於不斷縮水的市值，最後一定土崩瓦解，出現壓垮整個房市的惡性循環，進而影響內需消費。

官商勾結的共犯結構

時隔不到兩個月，1999年於香港成立、主要從事中國房地產開發的佳兆業控股集團，也因無法還出債務，造成旗下四家上市公司全面告急，包括佳兆業集團、佳兆業美好、佳兆業健康和佳兆業資本。

這家大型房企由郭英成創立，橫跨地產、物業管理、酒店、百貨和水路客貨運，員工上萬人，市值一度逼近500億港幣。它從龍岡起家，以深圳市區為基地核心，是中國房地產最有爆發力的地方，如今居然資金告急，著實令人意外。2021年11月5日港股開盤前，佳兆業集團在交易所公告旗下四家公司全部停牌，為原本已一蹶不振的香港股市再添壓力。

許多人告訴我，1989年日本房地產泡沫破裂，造成失落的三十年，這件事讓中共警惕在心。於是，中共決定主動戳破房地產泡沫，避免重蹈日本覆轍，這種手段其實很高明。但我覺得，中國和日本的情況不同；而且，戳破泡沫也不是無需付出代價。

日本房地產泡沫的源頭，其實是銀行業毫無節制的放貸。邱永漢先生曾告訴我，一天內就有超過30組銀行理財人員到他家拜訪。這些人都強調，只要邱先生簽字，無需任何抵押品也能借到30幾兆日圓，這就是日本房地產崩潰後，銀行紛紛破產的原因。

中國的金融體制則是官商勾結共犯結構，有權有勢者可以大大方方地到銀行搬錢。像中國華融負債1.73兆人民幣，海航集團的負債更是天文數字，恒大與碧桂園負債約2兆港幣，萬科集團負債1.59兆人民幣，融創中國負債超過1兆港幣。在房地產只漲不跌的黃金年代，只要能從銀行搬錢，就能打遍天下無敵手，王健林和許家印都是這樣發跡的。如今黨中央開始擠泡沫，這些負債累累的房企隨時有可能趴下。

隨著中國房市如骨牌般一張接著一張倒下，內需消費也會受到影響。例如大家熟悉的中國大潤發（高鑫零售），2021上半年的淨利是1.17億港幣，相較前一年同期衰退了86%，股價從13.4港幣跌到3.23港幣。此外，中國規模最大的連鎖火鍋店海底撈，營運狀況也越來越差，股價從85.8港幣殺到19.38港幣。

所以，房地產泡沫破裂後，內需消費首當其衝，同時拉低中國經濟成長的強度。

龐大債務留給國家

投資人衝到恒大總部半年後，2022年3月21日，恒大系股票全面停牌，看來是準備跟國際債權人商談重組債務協商。此時，恒大地產的股價從32.5港幣跌到1.16港幣，恒大物業從

19.74港幣跌到1.71港幣。所有恒大系股票的市值加起來不到1000億港幣，恒大地產的表列債務卻是1.96兆港幣，恒大理財產品和美元債務可能都是上兆人民幣。如此天文數字般的債務對上杯水車薪的市值，許家印拚搏一生的結果就是一場空！

假如這只是單一現象，或許還不打緊；要命的是，中國前60大房企都面臨股價慘跌卻負債龐大的「資不抵債」景象，包括許榮茂的世茂地產、李思廉的富力地產、孫宏斌的融創中國皆是如此。融創中國的股價從49.55港幣跌到2.95港幣，負債1.1兆港幣，市值剩下103億港幣。在A股掛牌的華夏幸福和綠地集團，股價下跌都超過九成。其他如花漾年、新力控股、正榮集團、佳兆業全都奄奄一息，連體質較好的碧桂園控股和萬科集團也遭受波及。

面對房企的龐大債務，習近平要求銀行必須清理債務，黨中央也三令五申要求許家印處理資產、償還債務。但是能賣掉的資產所剩不多，這些房企最後只剩一條路：把龐大債務丟給國家！

過去三十年，隨著房地產增值，中國經濟規模飛快奔馳；如今房地產擴張到極限，接下來就是清理債務和泡沫的時候了。當新經濟企業如騰訊、阿里巴巴、美團等股價暴跌後，接下來就是房企的債務重組，後續效應值得眾人關注。

14
一場推翻大山的經濟革命

從鄧小平改革開放起，我觀察中國經濟四十多年，
也讀過馬列主義與毛澤東思想，觀點可能跟大家不太一樣。

前摩根士丹利亞洲區主席、現任耶魯大學教授羅奇（Stephen Roach），過去數十年一直扮演華爾街資金通往中國的橋梁角色，成為鼓吹投資中國的代言人。在他心裡，中國經濟飛快奔馳、毫無極限，所有中國投資都將換得美好的回報。他看好中國、唱衰美國，跟美國前國務卿季辛吉一樣，都是著名的親中派。

不過，近年中國的反壟斷政策將箭頭指向阿里、騰訊、美團等多家企業，從螞蟻集團上市喊停，到滴滴執意赴美上市遭勒令下架App，再到一連串打擊補教業的舉措，整個產業一夕傾倒，終於逼得羅奇發出懺悔：「中國正在打壓驅動其自身經濟成長所仰賴的核心商業模式，令人不安。」

羅奇也強調，過去二十五年來，他是個打死不退的樂觀主義者，現在卻陷入深刻懷疑。中國鎖定龍頭產業往死裡打，這場國家企圖掌控企業狼性的戰爭，會使人民與企業失去信心，最終將危及2049年全面建成社會主義現代化強國的國家目標。

螞蟻上市喊停，阿里巴巴等於斷了一條腿；騰訊交出數據、遊戲受限，等同被拔了牙；然後是從滴滴出行到補教產業一連串的監管整頓……華爾街投行在中國累積的獲利，很可能一次就全部被咬回去，羅奇出面懺悔，應該是向華爾街表達深深的歉意。

2020年11月，螞蟻上市被迫喊停後，一位在外資投行擔任分析師的好友之子打電話問我：「謝伯伯，全世界好像只有您對中國經濟比較保守？大家都很樂觀，沒人相信中國經濟會變壞。」我回答他：「從鄧小平改革開放起，我觀察中國經濟四十多年，也讀過馬列主義與毛澤東思想，觀點可能跟大家不太一樣。」

從改革開放回到高度極權

對於中國，羅奇會從樂觀派變成懷疑派，很明顯是沒讀通中國共產黨黨史。回顧中國歷史進程，從毛澤東的大躍進、文化大革命的階級鬥爭，到鄧小平「先讓少數人富起來」的改革開放，然後進入江澤民和胡錦濤二十年國家資本主義的奔馳時代。近年在網路世界奔馳的阿里巴巴、騰訊、百度和京東等，幾乎都在2000年前後成立，憑藉著人口優勢快速崛起，後來成了超級巨獸。現在，習近平重回高度極權時代，當年奔馳的產業也要回歸收斂。

接下來，將是一場「推翻大山」的經濟革命！習近平主導的「重新分配國有化與市場化權重」，在鄧小平時代是「先富」的起點，阿里巴巴的馬雲、騰訊的馬化騰、百度的李彥宏、京東的劉強東都是「先富」代表性人物。現在進入「共富」階段，必須重新畫定市場化邊界，也要重新定位並調整市場在資源配置中的角色。

此時進行的經濟權重再分配，一方面是資本化弊病已從量變到質變，出現影響人口結構的跡象；另一方面是，改革開放四十年後，教育、住房和醫療形成令人詬病的三座大山，具備強大的資訊不對稱性，使得消費市場處於極端弱勢。這場推翻大山的強硬經濟革命，即將改變行業發展的邏輯，勢必造成資本市場血流成河，羅奇卻沒看出端倪。

若是搞懂改革開放的內涵，就會發現中國進入經濟發展收斂期，發展增速將會逐漸放慢；而在反壟斷大旗下，所有經濟巨獸必然受限。例如螞蟻集團上市喊停，回歸金控架構，阿里巴巴的股價與市值必然大幅縮水。騰訊的網路遊戲被定位成「精神鴉片」，被要求釋出音樂版權，再到併購案終止，等於被連拔好幾顆牙。而美團被迫將利潤下放給外送員，也會影響未來的持續獲利。至於向補教業開火，也等同一夕擊垮千億美元市值的產業，這些都是經濟革命的一環。

弄通了這些環節，就能理解中國經濟不會再像過去那樣萬馬奔馳，日後的發展動能只會集中在中央認可的少數產業。例如中國一心想在電動車大浪中超越美國，所以寧德時代、贛鋒鋰業、比亞迪、小鵬、蔚來、理想等一系列造車股將一路奔馳。此外，習近平還要大家勤練身體，相關的運動產業如李寧和安踏也會從中受益。至於那些龐大的壟斷型產業，就很難重現昔日榮光了。

亟需留意的未爆彈

再來觀察影響中國未來的幾檔股票，就能看出日後趨勢。

首先是中國A股市值最大的貴州茅台，2021年的股價從高點2627.88人民幣跌到1620.72人民幣，下跌38.3%，市值從3.31兆人民幣跌到2.04兆人民幣，少了1.27兆，這是中國最大的白酒股走勢。從2019年起，貴州茅台陸續捐贈股票給貴州省政府，後來又將大約6686億人民幣的股票總值，捐給貴州國資運營公司與貴州金融控股集團。貴州省政府在2021年賣出3.5%股票，套現123億美元，等於是用貴州茅台的資金解決自己的財務困窘。

除了貴州茅台大跌，中國最受歡迎的白酒股如五糧液，2021年的股價也從359.19人民幣跌到212.15人民幣，洋河股份的股價從268.6人民幣跌到149.6人民幣，瀘州老窖的股價從337.66人民幣跌到179.7人民幣，古井貢酒的股價從295人民幣跌到181.7人民幣。白酒是中國內需消費重要指標，這些股票的下挫也意味著內需消費力下降。2021上半年，中國的家庭債務新增3.7兆人民幣，占可支配所得比重飆至130%，這是一條警戒線。

此外，2021年2月，短影音App「快手」在香港掛牌上市，吸引142萬人認購，凍結資金1.28兆港幣，股價從300港幣拉升到417.8港幣，成為新經濟股明日之星。然而僅僅半年後，股價就急跌到82.5港幣，讓所有認購新股的投資人大驚失色。這個族群原本被極度看好，如今卻快速墜落，同類的嗶哩嗶哩和心動網絡同樣災情慘重。

從貴州茅台、眾多白酒股到快手這些快速殞落的股價，得以想見這場推翻大山的經濟革命有多麼慘烈。因此，MSCI中國與標普美國中概股50等指數也跟著慘跌，就不會讓人感到意外了。台灣投資人喜歡申購中國基金，一定要留意這些雷區，它們都是未來的不定時炸彈。

兩頭灰犀牛迎面而來

中國政府一連串的監管行動，對全球經濟帶來前所未有的巨大挑戰，也讓許多人感到困惑：如此強烈的動作肯定對經濟造成巨大殺傷力，為何黨中央頻頻使出殺手鐧來傷己傷人？

其實，2018年美中貿易戰開打後，中國逐漸與美國脫勾，習近平在當年向重要領導幹部講話時，就提醒內部要防範並化解重大風險。2019年1月在中央黨校開班儀式上，習近平再次提出警告：「警惕黑天鵝，防範灰犀牛！」到了2021年1月，習近平在中央政治局發表談話時，又提到了黑天鵝與灰犀牛。現在看來，習近平的談話顯然隱藏深意。

所謂「黑天鵝」，是指極小機率影響了巨大事件，也就是不太可能發生的事情居然發生了。至於「灰犀牛」，則是指會有大機率影響的巨大潛在危機。灰犀牛還在遠處時，人們往往視而不見；等到灰犀牛直衝而來時，一切已經來不及了。

詭譎的是，2021年9月5日，還真有隻黑天鵝飛到天安門廣場上，引來民眾爭相圍觀。黑天鵝飛抵後，現場就下起細雨，似乎預告中國將「風雨飄搖」！

從《反壟斷法》對網路新經濟巨擘開罰起，這些大企業只剩半條命。至於房地產泡沫化的衝擊，以及「拉閘限電」

可能帶來的供應鏈調整，確實就像兩頭灰犀牛直撲而來，成為2022年全球經濟的最大變數。

關於中國房地產泡沫化的調整，《日經新聞》就把這次中國房地產吹起的大泡沫，拿來跟1990年的日本資產泡沫相比。當年東京、大阪和京都的房價所得比大約在15倍至18倍，但中國的泡沫吹得更大，從北京、上海到深圳，平均房價所得比是50倍至60倍。而且，中國民眾的投資管道相當有限，許多人窮盡一生之力購屋，買下第一套又大舉槓桿買了第二套、第三套……一旦房價崩跌，囤屋的屋奴可能被炸個粉身碎骨。

因此，習近平主動戳破房地產泡沫，從「房住不炒」開始，使得大型建商籌資受到很大的限制，負債近2兆人民幣的恒大集團率先告急。然而，恒大只是眾多高舉槓桿房企的第一顆地雷，後面還有許多資不抵債的房企紛紛現形，皆因付不出利息導致股票停牌。

雪上加霜的是，就在2021年10月1日國慶長假前，中國無預警拉閘限電，造成供應鏈陣腳大亂。當天有上百家上市櫃公司到股市觀測站公布重大訊息，台股也在9月29日重挫325點，此後加權指數更是大跌逾千點。

這場無預警拉閘限電，讓所有台商大感震撼、全都傻眼，因為所有人都認為中國永遠不會缺電！

過去幾年，台灣政府一方面大力推動新南向政策，一方面鼓勵台商回國投資。不過，轉移生產基地並沒有想像中那麼容易，中國仍是最大的台商生產聚落，從這次到證交所公布重大訊息的台商家數之多，即可看出端倪。

台灣的印刷電路板產業至少有六成生產比重放在中國，個人電腦和筆電的生產基地也在中國，日後限電若是常態化，對台商的影響非同小可。當然，如果這次限電只是一項演習，很可能是在預告中國有意結束世界工廠的角色。接下來，全球供應鏈將面對三十年來從未見過的大遷徙，這可是世界級大事。

房地產泡沫和拉閘限電，正是中國存在多年的兩頭灰犀牛，從2021年開始衝向全世界。關於這一切，習近平已在兩年前預告了……

15

習近平的共同富裕

曾有美國學者統計，過去幾年，
習近平說出「共同富裕」的次數一年比一年多。
2020年說了30次，2021年更提了65次，次數明顯翻倍。

2021年8月19日，香港《信報財經新聞》刊登了一幅漫畫，畫中是1991年美國電影《沉默的羔羊》（*The Silence of the Lambs*）中的吃人魔，正在威脅一隻蝸牛：「只要我被放出來，一定會吃掉你！」這幅漫畫的標題是〈沉默的蝸牛〉，充滿了濃濃隱喻和想像空間。

就在這幅漫畫刊出前一周，《經濟日報》香港特派員李春也在一篇文章中寫道：「災難降臨中國財富大亨，未來的命運只有兩種，一種是『沉默是金』，另一種是『站在水中央』！」

李春寫得入木三分，他說富人要懂得明哲保身，像抖音的張一鳴和拼多多的黃崢，年紀輕輕就交出董事長職位，急流勇退長保平安；若是關不住嘴巴，下場就很慘了。最慘的是任志強，他批評習近平是「剝光了衣服也要堅持當皇帝的小丑」，結果被判刑十八年。

另一個悽慘的是王興，他在網路上轉發唐朝詩人章碣嘲諷秦始皇的《焚書坑》，被人指控暗諷習近平，美團股價因此從460港幣跌到190港幣，瞬間蒸發1.6兆港幣市值。「雙馬」也很慘，媒體報導馬雲正在學習老莊和油畫，而馬化騰雖然一向不太多話，卻因騰訊巨大到萬箭穿心，逼得他宣布捐款百億人民幣扶貧。

至於「站在水中央」，則是指孤立無援，稍不小心就被大水沖走。像是負債累累的恒大集團，在台灣早該倒閉了，現在就看黨中央如何處置，生死任人擺布。

以前，台灣年輕人常被批評缺乏狼性；現在，中國狼被關進籠子裡，被迫成為「沉默的羔羊」。

嚴格監管唱空言論

僅僅幾天後，8月27日，中國國家互聯網信息辦公室（簡稱「網信辦」）就要求整治財經平台，將針對財經類自媒體帳號、主要公眾帳戶平台、主要商業網站財經平台等，重點打擊惡意唱空中國金融市場、唱衰中國經濟等八大違規問題，全力嚴處並封禁。

網信辦列出的八大違規問題包括：胡評妄議、歪曲解讀中國財經方針政策與宏觀經濟數據；不加判斷就轉載境外扭曲中國報導；散布小道消息，進行渲染炒作；轉載合規稿源財經新聞信息時，惡意竄改、斷章取義；充當金融「黑嘴」，惡意唱空或哄抬個股價格，炒作區域樓市波動；炒作社會惡性事件、負面極端事件……等。

這八大罪狀規範得相當細微，網信辦強調，一旦發現上述罪狀，將在第一時間嚴肅查處，並且封禁關停。這種大動作意味著，看空中國經濟的媒體可能隨時被永久封口，想「賺中國錢」就要全力唱多、不得唱空。同時，這也代表投資中國商品將處於資訊不對稱狀態。

回頭看看2020年9月到2021年8月這十二個月，香港恒生指數的跌幅超過21%，國企指數更慘跌30%。當時全球股市都在高檔，香港恒生和國企指數卻跌跌不休，是少數率先進入空頭的市場。此外，代表中國股市的滬深300指數也跌入空頭，這應該是網信辦制裁金融市場看空言論的重要原因。

過去三十年，中國從世界工廠轉身成為「追日超歐趕美」的全球第二大經濟體，「中國概念」始終是追逐成長的代名詞；一提到中國資產，華爾街投行就興奮莫名。現在中國開始監管經濟唱空言論，這是經濟快速奔馳三十年來的重大轉折。

其實，國家經濟向上奔馳時，任何人唱空都只是跟趨勢對作，根本無力抵擋趨勢向上的動能。然而只要經濟奔馳告一段落，成長動能到了盡頭，市場就會出現各種雜音，這種討論市場多空的聲音在自由社會十分尋常。

看多與看空就像股市的作多或作空，只是市場機制的一部分，金融市場永遠沒有標準答案。網信辦要求財經媒體不能看空、只能看多，這很像中國古代經常引發水患的大河，往往被命名為「永定河」或「永靖河」，意味著金融市場背後其實相當不平靜。

至於不平靜的最大變數，則是習近平主導的「共同富裕」。

毛澤東後繼有人

從2020年起，中共中央持續祭出監管重拳，最核心的精髓就是「共同富裕」，標誌著國家路線從重視發展到重視公平的重要轉向。想要投資中國，就要認清這場監管風暴的本質，以及習近平主導的改革意志。2021年8月17日，習近平親自主持中共中央財經委員會第十次會議，他在會中再次強調：「共同富裕是社會主義的本質要求，也是中國式現代化的重要特徵」。

曾有美國學者統計，過去幾年，習近平說出「共同富裕」的次數一年比一年多。2020年說了30次，2021年更提了65次，次數明顯翻倍。

只要習近平提到一次共同富裕，中國富人的壓力就升高一次，很像在他們頭上敲響警鐘，提醒他們中國逐漸重返毛澤東時代。

鄧小平讓少數人先富起來，聰明人一馬當先衝出去；習近平則是把衝太快的馬匹拉回來，五根指頭必須一樣長，這樣的挑戰空前巨大。

「共同富裕」的源頭可追溯到1953年12月，毛澤東在《關於發展農業生產合作社的決議》中率先提出這個概念。雖然鄧小平也在改革開放後多次提到共同富裕，但是他允許少數人「先富」。然而，習近平打算重返毛澤東時代的共同富裕，一心打破「先富」造成的沉痾，那些「先富新貴」就因此成為被整肅的對象。

習近平對於資本家的舉報鬥爭，確實神似毛澤東當年的路線。毛澤東在1966年發動文化大革命時，習近平才13歲，他的成長歲月充斥著毛澤東的印記，也在不知不覺中走上毛澤東路線。倘若毛澤東天上有知，應該很欣慰得到這個繼承其路線的接班人。想要探索新中國的未來，就要從毛澤東路線切入。

拿著鬪刀砍自己

果不其然，整頓過補教業之後，黨中央的整肅行動很快延伸到演藝圈。從小生張哲瀚事件連結到趙薇、黃有龍夫婦，向上延伸到馬雲的生意圈，再到杭州書記周江勇被人舉發圈購螞蟻上市內幕，這顆洋蔥一層一層被剝開，權力與金錢結合的醜惡生態系昭然若揭。此時老百姓終於意識到，螞蟻上市前一刻會被緊急喊停，就是因為涉及太多黑幕。

改革開放讓先富的中國新貴買遍全世界，卻也造成極端的貧富懸殊。再加上諸多陳年舊帳被翻出，像中國華融集團大虧1029億人民幣，海航集團、恆大集團、萬達集團等企業造成銀行體系龐大不良資產，日漸增加的民怨加速了習近平改革的正當性，「三次分配」也於焉展開。

「三次分配」這樣的概念，是中國經濟學家厲以寧在1994年出版的《股份制與現代市場經濟》書中提出的。第一次分配是由市場按照效率原則進行分配；第二次分配是由政府側重公平原則，通過稅收、社會保重支出等進行再分配；至於第三次分配，則是在道德力量作用下、通過自願捐贈所進行的分配。

因此，儘管騰訊在2021上半年獲利約900億人民幣，卻要捐出1000億人民幣進行「可持續價值創新」與「共同富裕專項計畫」，這種大規模捐獻勢必增添資本市場評價的困難。

所以，外媒批評習近平主導的共同富裕不是在分食蛋糕，而是吃掉整個蛋糕。

從毛澤東的大躍進和文化大革命，進化到鄧小平的改革開放，現在到了習近平的共同富裕，一夕回到解放前。這是一場全新的經濟革命，可能帶給中國富豪、中港資本市場、乃至於華爾街投資界十分巨大的衝擊。

數十年來，中國是全球最重要的成長引擎，如今中國經濟很可能減速，進而衝擊世界各國。這堂「共同富裕課」讓全球付出代價，只要中國經濟發展動能開始減速，極可能就是最大的黑天鵝。

令人意外的是，從2020年起的翻天覆地都不是來自外力，而是中國領導人拿著關刀砍自己。一路砍殺下來，被關刀掃到的人才和企業幾乎無法倖免。

這輛監管列車依然持續奔馳著，接下來，還有誰會被撞上、中國將前往何處，已經到了世人必須深思的時刻。

一場深刻的變革正在進行

2021年9月1日，妙筆生花的李春又寫了一篇題為「4個不變，蓋不住外資撤遷潮」的精采文章，平實記錄國際企業在中國撤遷的實況，這是中國經濟即將掀起下一場巨大變化的重要轉捩點。

此文從韓國三星重工寧波廠決定關閉生產線談起。這間造船廠運作了十四年，突然決定關閉，上千員工起來抗爭，現場舉著各式標語：「三星是我家，我要工作！」「三星過河拆橋，工人衣食無著！」抗爭規模不小，引起地方很大的騷動。

其實，三星早將許多重要生產基地搬遷至越南，一年貢獻越南出口值600億美元，已是越南最大外資企業。2020年，三星就關閉了惠州的手機廠和電腦廠，這回遷走造船廠，等於連傳統產業都遷移了。

此外，日本東芝大連廠也宣布結束，李春寫道：「到年底12月，東芝將關閉在中國大陸24個城市的33間工廠和研發機構，其中研發機構和精密製造撤回日本，其餘遷往越南。」1991年薄熙來擔任大連副市長時，日本為了響應薄熙來招商，設立了東芝大連廠。如今薄熙來鋃鐺入獄，這間工廠也走入歷史。

除了東芝，日系廠商如馬自達和三菱汽車等，這些年都相繼退出合資企業。李春也提及英特爾、諾基亞、LG等企業：「這些外資國別不同、行業各異，一個共同特點，都叫非公有制經濟，即頂尖之列的跨國公司。」

至於外資企業為何積極離開中國，李春特別點出一名關鍵人物：李光滿。

李光滿原本是中國一家報紙的編輯，後來在極左翼自媒體「烏有之鄉」擔任寫手。他寫了一千多篇文章，都沒受到太多關注，直到習近平提出共同富裕後，一夕之間變成紅人。2021年8月27日，李光滿在微信自媒體平台發表一篇文章，題為「每個人都能感受到，一場深刻的變革正在進行」，其中有兩句話特別重要：「資本市場不再成為資本家一夜暴富的天堂，文化市場不再成為娘炮明星的天堂。」

此文一出，共同富裕列車快速駛出，資本家紛紛捐款保命，娛樂圈那些被視為「娘炮」的全都岌岌可危，許多節目跟著停播。這個時候，大家終於見識到李光滿的威力，紅到胡錫進都吃味。然而，只要深刻瞭解歷史，就會發現李光滿的出現，很像毛澤東發動文革前夕有人在帶風向，背後絕對存在高層的意志。由此可見，一場深刻的變革確實正在進行。

華爾街親中反中兩派對打

這輛共同富裕快速列車扎扎實實撼動了華爾街，連高齡90的金融大鱷索羅斯（George Soros）都坐不住了，在2021年9月連續三天投書《華爾街日報》（*The Wall Street Journal*）。他批評習近平是開放社會的最大敵人，又批評貝萊德集團（BlackRock Inc.）在中國發行68億人民幣公募基金是個「悲慘的錯誤」，可能導致成千上萬投資人遭受損失，也會使美國和其他民主國家受到傷害。

除了投書《華爾街日報》，索羅斯還加碼投書《金融時報》，呼籲美國國會通過跨黨派法案，要求基金經理人只能投資治理透明、與股東立場一致的企業。索羅斯認為，這是一場兩種治理體系的生死存亡之爭，一方是極權獨裁的壓制政權，另一方則是民主開放的自由體制。

日本野村總合研究所首席經濟學家辜朝明，曾在一場專訪中表示，華爾街是中國在美國的唯一朋友；一旦失去華爾街，中國在美國就沒有朋友了。因此，自從川普發動貿易戰與科技戰以來，華爾街都是站在中國這一方，跟川普對著幹。

橋水基金的達利歐就不必說了，他是徹底的親中派。摩根大通（JPMorgan Chase & Co.）長期親中，近年取得在中國設立百分之百持股的證券商執照。摩根士丹利這些年更是心向中國，MSCI權重不斷調升中國比重，並且深耕香港，每周都包下報紙頭版廣告。至於貝萊德獨家取得中國公募基金發行資格，意義更是重大。

這些投資銀行長期在中國享受著龐大利益，即使美國民間一片反中聲浪，依然奮力向錢看。不過，習近平推出的共同富裕新革命，顯然讓華爾街大亨全燙到手。

而且，這種「說捐就捐」的共同富裕樂捐行動，會讓越來越多中國大企業變成非營利組織。若是像拼多多那樣，無需經過董事會或股東大會的決議，就直接宣布捐出2022年所有獲利，全球極力推動具有普世價值的ESG概念（環境保護、社會責任、公司治理）可能因此被摧毀。

同一時間，美國CNBC財經節目主持人克拉默（Jim Cramer）則是嚴厲提醒：「這是史達林主義，中國正在射殺美國投資人！」而知名做空機構渾水研究（Muddy Waters Research）創辦人布洛克（Carson Block）也大聲呼籲，應該將那些在美國上市的中資企業下市！看來，華爾街這場親中反中對嗆的戰火肯定越來越猛烈，也會持續好一陣子。

16

二十年就走味的一國兩制

儘管立法局極力說明，《逃犯條例》依然觸動港人的敏感神經，大家都很擔心「一國」凌駕「兩制」，香港獨立特區精神不再。

2019年6月9日，僅有大約750萬人口的小小香港，居然有上百萬居民上街抗議，反對香港特區政府強行修訂《2019年逃犯及刑事事宜相互法律協助法例（修訂）條例草案》（簡稱《逃犯條例》）。中環立法會附近的道路擠滿人潮，全球29個城市也同步集氣「反送中」。這樣的景象為台灣民眾帶來強烈衝擊，大家心中都有個敏感情結：今天的香港，會不會變成明天的台灣？

為了推動《逃犯條例》，香港立法局全力溝通，依然無法解開港人疑慮，最後引爆港人全面抗爭。自從2003年反對《基本法》第23條立法和2017年反對「高鐵一地兩檢」以來，這是香港最大規模的抗爭行動，也是港人對於一國兩制的最大反彈。在多數香港居民心中，1997年回歸時「五十年不變」的承諾已煙消雲散，「一國」明顯高於「兩制」。

香港回歸中國後，表面上的最高領導人是「香港特別行政區行政長官」（特首），但背後的影武者，其實是集中央資源於一身的「中央人民政府駐香港特別行政區聯絡辦公室」（簡稱「中聯辦」）。1997年回歸之前，中聯辦的前身就是新華通訊社香港分社。

港府如此堅持修訂《逃犯條例》，就是反映了中共落實《基本法》第23條的迫切感。前任中聯辦主任王志民曾多次在公開場合表示，香港維護國家安全的制度並不完善，不能藉由特區的高度自治特權，排斥或對抗中央管制權，更不能危害國家的安全與發展。因此，修訂《逃犯條例》就是為了落實《基本法》第23條。

許多人將這場抗爭的焦點放在特首林鄭月娥身上，殊不知，中聯辦主任才是拍板定案的大家長。

憂心一國凌駕兩制

有關外界對於《逃犯條例》的疑慮，港府指出，香港只和20個司法管轄區簽訂移交逃犯協定。為了防堵漏洞並處理台灣殺人犯，只要修訂了《逃犯條例》，未簽訂移交協議的司法管轄區就能以個案形式交出逃犯。香港保安局長李家超也頻頻與商界人士溝通，保證《逃犯條例》不會無限上綱。

這當中包括幾項重點：

- 移交行為只包括37個罪項，而且是可判三年以上刑期的個案。
- 37個罪項不包括破產、公司、證券、知識產權、環保貨物進出口、非法使用電腦、稅務及虛假商品等。
- 所有移交皆不涉及言論、出版、學術與新聞自由。

對於出版自由，許多港人其實都抱著存疑態度，擔心出版有關中國內地的禁書會被「送中」。對此，香港立法局特別擬出說帖，堅稱香港擁有出版自由，不存在「禁書」問題。若有人在其他地方出版禁書後逃回香港，由於不符合「雙重犯罪」原則，也無需擔心被移交。話雖如此，港人對於銅鑼灣書店店長林榮基「被失蹤事件」仍餘悸猶存。

另一項重點是，港府收到其他司法地區的移交請求時，可全權決定處理或不處理；若是處理，香港法庭將會公開聆訊。對此，香港民眾也質疑：如果在香港涉及危害國家安全罪行，例如提倡港獨、疆獨或藏獨，是否會被移交內地？

立法局的說帖是這樣寫的：「港府仍未制定《基本法》第23條，也沒有任何危害國家安全的罪行。港人若是涉及危害國家安全，一般只由香港司法機關依照香港法律來審理，無需移交內地；而在可移交的37個罪項中，並不涉及政治罪行。」

儘管立法局極力說明，《逃犯條例》依然觸動港人的敏感神經，大家都很擔心「一國」凌駕「兩制」，香港獨立特區精神不再。對於個人人身安全以及香港的未來，他們充滿了不確定的惶恐。

大量資金從香港外逃

習近平上台後，大力推動「以香港為範本」的一國兩制，香港開始產生「質變」。港珠澳大橋於2018年通車啟用，香港高鐵也於同年通車。至此，香港與內地高度連結，其中最重要的精神就是「大灣區計畫」。

中共中央打算涵蓋香港和澳門兩個特區，加上深圳、廣州、珠海、中山、江門、惠州、佛山、東莞和肇慶等9個內地城市，成立一個超越舊金山灣區、紐約灣區與東京灣區的全球最大灣區計畫。這個構想的初衷是，透過港珠澳大橋連結香港、深圳、珠海和澳門，形成一個世界級灣區；其中包括香港的金融體制、深圳的科技產業，以及南方沿海城市的龐大經濟活力。整個灣區擁有6700萬人口，生產總值達1.3兆美元。

大灣區計畫看起來前景燦爛，我曾在2019年4月實地考察，對此計畫的潛力抱持肯定態度，卻也對香港的未來產生疑慮。畢竟，自從1842年依據《南京條約》割讓給英國後，香港一直扮演著「避風港」角色，具有獨立的稅制、立法與政治體制，吸引全球的資金與人才在此匯聚，這是維持香港繁榮的基本精神。

此外，香港擁有兩項與國際連結的工具，首先是行之有年的「聯繫匯率制度」：港幣緊緊盯住美元，中心匯價是7.78港幣兌1美元，據此維持香港的穩定與繁榮。然而從2018年起，港幣一直徘徊在聯繫匯率的下限7.85附近，因為龐大資金逐漸從中國內地透過香港逃到境外，聯繫匯率制度開始出現鬆動，這也是港幣日趨弱勢的關鍵。

2019年4月，海曼資本管理公司（Hayman Capital Management L.P.）創辦人巴斯（Kyle Bass）發表〈香港無聲的恐慌〉（The Quiet Panic in Hong Kong）一文，預告香港聯繫匯率制度正面臨崩潰，有如史上最大的金融炸彈。一方面，為了維持港幣匯價穩定，香港金管局必須每天護盤；另一方面，《逃犯條例》造成港人危機意識抬頭，政治風險急遽上升。

不過巴斯的觀點引發香港金管局強烈反駁，他們認為香港擁有龐大的外匯基金，總資產達4.1兆港幣，流動性充沛，絕對有能力解決問題。過去四十年來，聯繫匯率制度曾經遭受各種狙擊，最後都能安度危機。例如1997年亞洲金融風暴時，索羅斯就曾狙擊港幣，同樣無法得逞。

另一項與國際連結的工具，則是香港這個獨立經濟體所享有的特殊稅制：住民享有租稅優惠，包括極為低廉的個人所得稅與企業稅制，沒有遺產稅，也沒有股利所得稅。然而，只要融入大灣區計畫，這些優勢很可能成為泡影。假如美中貿易衝突持續升高，獨立關稅區的地位也跟著改變，很可能動搖香港的經濟優勢。

而且，很多拍賣公司（例如藝術品與紅酒拍賣）都將亞洲總部設在香港，一旦融入大灣區，變成一個普通中國城市，原本的獨立特區地位就會消失。假如特殊租稅因而出現變化，昔日優勢將成過眼雲煙。

抗爭行動日漸升溫

隨著反送中抗爭越演越烈，一向給人精明睿智形象、年逾九旬的香港富商李嘉誠，於8月16日包下香港各大媒體全版版面，刊登兩則充滿無限想像空間的廣告。

第一則廣告上方寫著「正如我之前講過」，中間寫著大大的「黃台之瓜，何堪再摘」，落款是「一個香港市民李嘉誠」；另一則廣告中間出現反暴力標誌，上方標題是「最好的因，可成最壞的果」，下方標題是「以愛之義，止息怒憤」，左右兩側分別寫著「愛自由·愛包容·愛法治；愛中國·愛香港·愛自己」，落款也是「一個香港市民李嘉誠」。

此時，反送中抗爭已進入第十一周，抗爭場景從社區轉進機場，示威民眾在8月12和13日連續兩天圍堵機場，造成979班航機被迫停飛。香港是國際航空重要轉運站，光是2018全年，經由香港機場進出的客運量就高達7470萬人次，貨運量更高達510萬公噸。抗爭民眾圍堵機場，也讓香港變成2019年全球經濟最大的「黑天鵝」。

那幾天發行的《時代雜誌》亞洲版以「香港保衛戰」（The Battle for Hong Kong）為封面標題，其中一篇文章〈我們已踏上一條不歸路：一系列抗議活動，如何演變成一場傾全力保衛香港靈魂的戰役〉，詳細剖析這場遍地開花的抗爭運動。文中引述香港時事評論員盧兆興的談話：「我真的看不到出路，只能期待局面不會惡化。」許多人也有同樣的疑問：這顆「東方之珠」將何去何從？

對此，壹傳媒創辦人黎智英接受《財訊》記者採訪時，也是悲觀地表示：「東方之珠完了，以後會變成『「東方之沙』，香港可能變成新疆。」

除了《時代雜誌》的報導，川普接受媒體訪問時也暗示：中國解放軍正在香港邊境集結。後來他又連續發出兩則推文，第一則是：「中國想達成貿易協議，先人道解決香港問題吧！」接著又表示，他非常瞭解習近平，習近平是偉大的領導人，一定能好好處理香港這個棘手問題，也對習近平想「快速及人道解決香港問題不存任何懷疑」。

其實，川普在8月1日接受記者提問時還認為，雖然香港存在著持續的騷亂，但這是香港和中國之間的事情，因為香港是中國的一部分。然而，僅僅半個月之後，川普就改變原本的態度，將香港問題與美中貿易協議掛鉤，同時暗示解放軍在香港境外集結，似乎嗅到中國可能採取武力解決香港問題。

因此，李嘉誠在關鍵時刻跳出來，他不想看到香港上演失控危機。

「黃台之瓜，何堪再摘。」這句話意味著香港的百年繁榮何堪抗爭一再摧殘，暗示當權者必須克制，千萬不要動武。同時，他也期待反送中抗爭保持理智，因為「最好的因，可成最壞的果」。充滿智慧的短短幾行字，就讓各方充滿想像空間，果然是名符其實的精明睿智。

遭黨中央賜死

這位香港首富在2014年就逢高拋出中國資產，眼光與智慧得到港人高度肯定。此時選擇站出來說話，應該是擔心即將有大事發生，因為當時確實發生了一些事情：首先是匯豐控股爆發高管離職潮，英籍執行董事兼行政總裁范寧（John Flint）無故遭到解任，在匯豐工作四十年的大中華區行政總裁黃碧娟也被迫離職，匯豐控股的股價跌到三年來新低點55.8港幣。緊接著是機場抗爭，造成國泰航空英籍行政總裁何杲（Rupert Hogg）、顧客及商務總裁盧家培辭職，國泰航空的股價慘跌到9.27港幣。

對於匯豐控股和國泰航空的人事異動，港人視為中共對金融機構及航空產業的大清洗。與此同時，林鄭月娥也召集主管和36位香港商界領袖商討，再三強調當前的挑戰甚於金融海嘯，因為2019年首季經濟成長率只有0.6%，第二季是0.5%，調整過後是0.3%，全年經濟陷入衰退的機率很高。

很快地，北京當局也在8月18日發布一份文件，全名為《中共中央、國務院關於支持深圳建設中國特色社會主義先行示範區的意見》。有人認為這是關於「香港之死」的替代方案，也是黨中央的「棄港方案」，因為中共有意加速發展深圳，將深圳打造成「具有中國特色的社會主義先行示範區」。

其實，香港尚未回歸時，中國就打算將上海打造成金融中心，但是上海始終無法取代香港的地位，黎智英接受《財訊》專訪時也特別提到這一點。他認為，金融中心的靈魂是自由與法治，若是缺乏這兩種元素，就打造不出金融中心。因此，深圳想要成為先行示範區，取代香港的地位，恐怕也有很高的難度。

香港的巨變，台灣的機會？

對台灣而言，我們更要思考的是：香港面臨百年巨變時，台灣的機會在哪裡？

從1949年國民政府遷台以來，外在環境的危機往往是台灣大步向前的機遇。中華人民共和國成立後，美國原本準備放棄台灣，一度還想結盟中國對抗蘇聯；然而韓戰於1950年爆發後，美國就派出第七艦隊協防台灣，化解台灣滅頂的重大危機。到了1955年，越戰也爆發了，這場戰爭足足打了二十年，台灣變成支援美軍打越戰的補給站，因而出現產業發展的重大契機。

韓戰與越戰都曾為台灣帶來很好的機會，如今的香港變局也是台灣重新尋找新定位的機遇。過去半個世紀以來，香港是亞洲最重要的金融中心，憑藉著極低稅率與聯繫匯率，成為亞洲最重要的資金避風港。

然而在反送中抗爭日趨激烈的情況下，不僅是香港富人，過去將資金停泊在香港的台灣富人也在積極尋找資金避風港，而新加坡往往是這些富人的優先選項。因此，台灣應該認真思考如何打造巨大的資金停泊港，招徠從香港移出的資金與人才。

過去三十年，台灣把「財富管理」這塊大餅拱手讓給香港和新加坡。例如1993年以前，蘇富比和佳士得的亞洲總部都在台北，但財政部對每一件藝術品交易都要課稅，逼得佳士得和蘇富比把總部搬遷到香港，直接將藝術拍賣市場讓給香港。影響所及，就是台灣本土藝術家的作品乏人問津，香港藝術拍賣市場成了全球前三大。此外，由於拍賣帶來巨大商機，香港進一步將紅酒課稅降到零。以前，港人買了紅酒都放在澳門；取消課稅後，香港也變成全球最大的酒品拍賣重鎮。

台灣的租稅制度不具全球競爭力，因為政府充斥著劫富濟貧的民粹思維。如今香港的金融中心地位面臨考驗，倘若台灣仍不改變租稅制度，這個等待半世紀的巨大機遇可能又要擦身而過了。

17

沾染中國味的東方之珠

當初承諾五十年不變的一國兩制，短短二十三年就被公然撕毀，
懸掛在歐亞大陸東南隅的東方之珠逐漸失去原本風味。
同一時間，帶有中國特色的社會主義強行闖入，
在這顆璀璨的珍珠上恣意沾染中國味。

2020年5月22日，中國第十三屆全國人民代表大會第三次會議在北京召開，《港版國安法》被列入議程。這項法案涵蓋四大範疇（禁止分裂國家，禁止顛覆中央政府，禁止外部干預，禁止恐怖主義行為），並以全國性法律形式納入《基本法》附件三，無需香港本地立法；換言之，該法案凌駕於《基本法》之上。

會議當日，香港恒生指數一口氣下殺到22878.26點，慘跌1349.89點，跌幅達5.6%，港股市值縮水1.7兆港幣。如此猛烈一跌，幾乎退回3月疫情爆發時創下的21139.26低點，成為全球最弱勢的市場。

從2019年的反送中抗爭，到2020年的疫情衝擊，香港整體經濟表現逐漸弱化。從經濟成長率來看，反送中抗爭使得香港GDP表現急轉直下，緊接而來的肺炎疫情更是重創香港經濟。2020年首季GDP較前一年同期衰退了8.9%，衰退情況比亞洲金融風暴和金融海嘯還嚴重。

其次，做為亞洲重要門戶，香港機場原本是亞洲最繁忙的機場，但是政治動盪嚇跑外來旅客，2019全年到港旅客5590萬人次，全年減少14.2%。到了2020年4月，疫情更造成封城鎖國，直接打擊香港經濟，平均每日到港旅客已不到100人次。

長期以來，香港始終是亞洲購物天堂，反送中和疫情也嚴重傷害了香港零售業。2020年3月的零售業總額是230億港幣，相較於前一年同期衰退了42%，這已是香港零售業連續十四個月衰退。而在疫情重擊之下，2020年2月到4月的失業率飆升到5.2%，寫下十年新高，失業大軍增至20.3萬人，漲幅25%，其中又以零售業、飯店業和餐飲業遭受的衝擊最深。

在政治與病毒的雙重夾擊下，璀璨的東方之珠逐漸蒙塵、日趨黯淡。屋漏偏逢連夜雨，《港版國安法》緊接著納入全國人大議程，黨中央準備不惜一切強渡關山。一年內連挨三刀，香港情勢確實危急。

強行撕毀「五十年不變」的承諾

回顧香港歷史，從1842年正式割讓給英國，到1898年英國與清朝政府簽下九十九年租約，再到1997年回歸中國，「一國兩制與五十年不變」出現在柴契爾夫人與鄧小平於1984年共同對外發表的《中英聯合聲明》。彼時，鄧小平當著李嘉誠的面，向所有香港商人保證「馬照跑、舞照跳」，五十年絕不改變。沒想到，僅僅走過二十三年，這紙承諾已形同廢文，香港末代總督彭定康（Christopher Patten）感到憤慨不已。

香港回歸中國後，由於事涉敏感，做為匡列香港安全的《基本法》第23條遲遲未能立法。這幾年，習近平領導的黨中央急於出手，背後主要有四個原因：

- 首先是美中角力全面攤牌。歐巴馬時期主管中國事務的官員何瑞恩（Ryan Hass）屬於鴿派，然而連他都公開撰文指出，美中關係已脫離競爭，進入對抗狀態。美國鷹派抬頭，中國也要擺出戰狼姿態回應。2020年5月13日，川普宣布禁止美國企業使用構成國家安全風險的電信設備，策略性瞄準華為採購的半導體元件。針對中國，美國從貿易戰打到科技戰，又在反送中抗爭期間通過《香港人權與民主法案》，如此情勢使得中國通過《港版國安法》已「義無反顧」。

- 其次，中共中央認為，反送中抗爭有本土恐怖主義苗頭，由港獨分子策動、台獨等外部勢力支持，當時已達最壞情況。
- 第三，2019年香港區議會選舉時，親中的建制派原本勝券在握，沒想到最後卻丟了17個區議會（總共18個），特區政府完全失去區議會主導權。接下來，立法會選舉將於2020年9月進行，泛民主派有望取得逾半席次，建制派恐將難挽頹勢，這樣的情勢逼得黨中央提前出手。
- 最後，殖民時期留下的香港法律，並不包括禁止外國代理人和收取政治資助；對於中國而言，確實形成國安漏洞。

可想而知，一旦《港版國安法》通過，勢必引起美國強烈反制，也會使得香港情勢更加惡化。這部法案的威力大過《基本法》第23條，擺明衝著香港示威者丟擲汽油彈和縱火等行為而來。法案通過之後，一國兩制精神將完全消失，香港形同中國內地的一般城市，境外人士進入香港可能冒著國安風險，甚至遭到逮捕。

自由機制消失了，繁榮景象也大打折扣。不安情勢籠罩著香港，大家都不知香港的明天將何去何從……

沒有港味的港版那斯達克

毫無懸念地，全國人民代表大會常務委員會在6月30日通過《港版國安法》，香港多年來「沒有主權、卻有自由與法治」的避風港角色頓時改變，資本市場風雨飄搖，資金大量出走，代表香港金融體系的匯豐控股和渣打銀行等股價也跌到歷史低檔區。

詭譎的是，2020上半年，恒生指數收在24427.19點，半年跌了3762.6點，跌幅達13.34％；但《港版國安法》通過之後，港股卻連日大漲，恒生指數衝上26782.82點，一掃先前頹勢。不過，這並非《港版國安法》的政治熱效應消失了，而是阿里巴巴、網易、京東相繼回港上市，造成港股的質變與量變。

香港資本市場開始出現巨大變化，恒生指數公司宣布2020年7月27日將推出「恒生科技指數」。這種新指數追蹤30檔在香港上市的科技股，選股範圍涵蓋與科技主題高度相關的上市公司，包括網際網路、金融科技、雲端服務、電子商貿與數位業務。

至於相關指數選股準則，則會考量符合資格的公司是否利用科技平台進行營運、研究發展支出占收入的比率，以及營收的增長，其中市值最大的30檔股票就會成為指數成分股。根據回溯計算的數據，恒生科技指數在2019全年上漲

36.2%，2020上半年又漲了35.3%，這與恒生指數在同一期間下跌13.34%形成強烈對比。

恒生指數公司表示，每季都會檢討一次科技指數成分股，而且設有「快速納入機制」，容許新上市大型科技企業被適時納入。有鑑於科技行業迅速發展，在港上市的科技企業持續增加，恒生科技指數將滿足投資者對於相關投資主題的需求與關注，而恒生科技股將會成為港股旗艦。

如此重大的變化，使得創始30檔成分股備受矚目。根據2020年7月17日統計的名單，前兩名成分股就是眾人耳熟能詳的龍頭科技企業：市值5.52兆港幣的阿里巴巴居首，市值5.39兆港幣的騰訊控股居次。第三名則是市值1.2兆港幣的美團，第四名是市值4342億的小米集團，第五名是市值1536億港幣的舜宇光學，第六名是中芯國際，第七名是阿里健康，第八名是京東，第九名是金蝶國際，第十名是市值1337億的平安好醫生。

居中的10家公司，分別是瑞聲科技、聯想集團、金山軟件、ASM太平洋、閱文集團、網易、中興通訊、眾安在線、微盟和比亞迪電子。至於最後10家，則是同程藝龍、新東方在線、華虹半導體、貓眼娛樂、鴻騰、心動公司、恆騰網絡、丘鈦科技、網龍和易鑫集團。

這30家科技公司成為第一代恒生科技指數成分股，最值得玩味的是，其中竟然沒有任何香港本地企業；也就是說，這份「港版那斯達克」完全缺乏香港味道。

中國概念騰籠換鳥

除了恒生科技指數，港股的另一項質變，就是香港本地的製造業與金融服務業逐漸邊緣化，造成本地財團明顯式微。例如李嘉誠的長和集團，以及九龍倉集團、恒隆地產、恒基兆業地產、太古集團等，還有香港最具代表性的銀行如東亞銀行、恒生銀行、匯豐控股、渣打銀行等。

取而代之的，則是具有中國概念的科技股，這就是中國在香港資本市場的「騰籠換鳥」策略。

美中貿易戰開打後，美國常用晶片禁運來懲罰中興和華為，使得中國在科技發展上吃足苦頭。因此，中國這回吃了秤砣鐵了心，決心以舉國之力發展國家級晶片業務。

2020年7月16日，中芯國際回到上海證交所科創板掛牌，首日即大漲到95人民幣，這是一道里程碑。

而寒武紀也在同年7月20日回到科創板，以64.39人民幣掛牌，首日即開出295人民幣高價，一口氣跳高大漲358%，這是科創板的嶄新傳奇。這家在北京海淀區致真大廈成立的AI晶片企業，未上市前已是名列前茅的獨角獸企業（意指成立不到十年、估值達10億美元以上、尚未在股票市場上市的科技創業公司）。中國科技企業大多源於深圳和杭州，寒武紀能在皇城所在地誕生，對於中國別具意義。

另一方面，2020年7月13日這一天，貴州茅台的股價寫下1787人民幣高價紀錄，市值高達2.09兆，打敗了台積電。兩天後，《人民日報》旗下新媒體平台「學習小組」立即發表一篇文章──〈變味的茅台，誰在買單〉，質問茅台酒憑什麼成為官場腐敗的硬通貨，並指控貴州省官員手握茅台執照經銷大權，家中私藏4000瓶高檔茅台牟利。此文的結論就是：「酒是用來喝的，不是用來炒的，更不是用來腐的。」

這盆冷水潑得確實夠大，隔天，貴州茅台大跌138.53人民幣，跌幅7.9%。後來甚至瞬間掉到1588.88人民幣，市值蒸發2000多億。

中國股民這些年大炒白酒股，除了最有名的貴州茅台，其他像是五糧液、洋河、瀘州老窖、古井貢酒等知名白酒股的漲幅也十分驚人。貴州茅台是白酒的武林至尊，2014年股價僅僅118.01人民幣，到了2020年竟然漲到1787人民幣，本益比將近50倍，股價淨值比14倍，這是中國股民熱炒出來的成果。

如今官媒出手重擊，顯然是為了降溫，順勢將資金趕向科創板，造就了中芯國際和寒武紀的股價大漲。此外，官方成立了大約2000億人民幣的第二期國家級基金，用來挹注中芯國際，由此可見國家著墨的力道有多深。

中資股陸續回港上市

隨著美中角力白熱化，越來越多在美上市的中資股，即將「成群結隊」循著阿里巴巴、網易和京東的模式回港掛牌。這3檔回港上市的中資股對香港股市的貢獻到底有多大？以2020年7月來觀察，阿里巴巴大漲30港幣，漲幅14.31%；網易以126港幣上市，上漲7.7港幣，漲幅5.78%；京東以226港幣掛牌，上漲10港幣，漲幅4.31%。

若是計入騰訊上漲4.79%、小米大漲23.21%、美團上漲4.79%，再加上幾家「軟體即服務」企業如線上支付平台「移卡」大漲126.7%、小店家服務平台「微盟」上漲13.87%、即時支付服務商「兌吧」上漲7.17%，以及協助新經濟企業上市的「華興資本」大漲47.1%，就能充分感受到港股逐漸變成新經濟企業籌資的平台，同時也慢慢失去香港味道。

香港一名基金經理人曾表示，在美國掛牌ADR（美國存託憑證）、市值前20大或前30大的企業若是回港上市，至少可為港股帶來200億至300億港幣的交易量，也就是當時港股交易金額再增加20%到30%，港交所將會成為大贏家。而且，香港的成交量變大，也有推升在美掛牌中資股股價的效果。

以阿里巴巴為例，在美上市的股價介於150至200美元之間，但是2020年7月1日之後，股價突然從211美元奔向268美元。另一方面，阿里巴巴在美國的成交量相當於香港的5至6倍，而它在美股只有三分之一資金來自美國，其餘都是國際資金。假如日後阿里巴巴從美國下市，再從H股回頭掛A股，所帶來的資金效應將超乎想像。

此外，美國參眾兩院於2020年12月2日通過《外國公司問責法》（Holding Foreign Companies Accountable Act），規定美國監管當局若連續三年無法對在美上市的外國公司進行審計查核，而該公司也無法證明不受外國政府控制，就會被強制下市。可以確定的是，這項法案也會加速中資企業回中國或香港上市的風潮。

從恒生科技指數開始，中國新經濟企業已撐起香港股市半邊天；日後，具有中國特色的科技股將會逐漸撐起香港股市整片天。

當初承諾五十年不變的一國兩制，短短二十三年就被公然撕毀，懸掛在歐亞大陸東南隅的東方之珠逐漸失去原本風味。同一時間，帶有中國特色的社會主義強行闖入，在這顆璀璨的珍珠上恣意沾染中國味。

這就是香港令人唏嘘且無法逃避的宿命。

18

香港的現代啟示錄

過去幾年，香港移民台灣的人數屢創新高。
這些港人在台灣置產，許多地方也出現帶有廣東話口音的「香港村」。
日漸增多的移民，透露出港人對於一國兩制的疑懼。

2022年2月間，我在一張照片上發現，深圳和珠海的重要口岸都圍起鐵絲網，以防堵港人越界逃往中國內地躲避疫情。原來，中國官方在湖南郴州發現2名來自香港的確診者，後來又發現1個香港確診病例從珠海進入上海，同車乘客都要隔離，進行核酸檢測。於是，中國內地開始加大邊境管制力道，防範港人偷渡人境。

這一瞬間真有時空錯置之感，讓我想起1962年的香港大時代。當時毛澤東的大躍進剛結束，許多中國人冒著生命危險偷渡深圳河，奮力游向香港。在當年，這條深圳河是民主與極權的楚河漢界。

後來，深圳成為中國第一個經濟特區，深圳河沿岸發展快速。2019年投宿香港君悅酒店時，坐在窗邊享用早餐，望出去就是深圳河兩岸；回想起1962年那個大時代，令人無限感傷。

這樣的大時代逆轉，也讓我想起2019年12月和幾位好友的聚餐。餐敘席間，大家都很關心香港的未來，其中一位好友說：「你們知道香港這半年最大的變化是什麼嗎？很多人認為是年輕人的抗爭，或是資金大量外流。」片刻之後，他一臉嚴肅地表示：「其實，是香港的小鳥都死光了！」

這個答案相當另類且出人意料，卻明顯點出香港的問題。好友提到，2019下半年，警方施放1萬多顆催淚彈，香港變成西元2000年以來最短期間內最密集施放催淚彈的地方。催淚彈含有化學藥劑，對皮膚和氣管會造成不良影響，這類患者在香港確實大幅增加。因此他勸告所有人：「沒事不要去香港！」

聽聞至此，真是感觸良多、不勝唏噓⋯⋯

堪比獨裁國家的得票率

反送中抗爭結束後，香港在2022年5月8日選出第六任特首。在1461名選舉委員中，有1428名參與投票，投票率97.74％。唯一參選人李家超獲得1416票支持，支持率高達99.16％，這是歷任香港特首獲得的最高支持率。此外，這場選舉也創下史上最快開票完成的紀錄，只花23分鐘，「效率」奇高。

隔天，香港漫畫家白丁立刻在《信報財經新聞》貼出作品〈1416〉，上頭寫著「一世一路一條心」（「1416」的粵語發音同「一世一路」），充滿了強烈的反諷意味。

李家超在當選感言中提到：「一個誠意的政府，一個將是能做事、做成事的政府，我相信最終會得到市民的支持。」其實，從李家超的出身背景，就能大概預見香港未來的命運。

這位新特首出生於1957年，20歲加入香港警務處，擔任見習督察。香港回歸那年，晉升為總警司，2010年成為警務處副處長。2012年轉換跑道，獲得當時特首梁振英延攬，出任保安局副局長。2017年林鄭月娥上任，李家超升任保安局長，處理反送中抗爭，展現強力手段，因而在2021年晉升為政務司長，為特首之位鋪路。後來林鄭月娥宣布放棄連任，李家超順理成章成為接班人。

不同於過往的特首選舉，歷任香港特首雖然都能得到北京支持，但每次都會出現競爭：2017年，林鄭月娥得到梁振英突然宣布放棄連任的助力，打敗曾俊華，獲得777張同意票，得票率65.51%。2012年，梁振英的得票率是60.87%；2007年，曾蔭權的得票率是82.26%；至於香港首任特首董建華，他的得票率是80%。

唯獨這次選舉，李家超的得票率是前無古人的99.16%。這種接近百分之百的支持率，應該只有中國總書記或北韓領導人可堪比擬，香港的政治文化正式轉向。

反送中抗爭告一段落之後，港府大力掃除政治異議分子和反對派政治團體，整個香港特區已經沒有任何「異聲」。李家超在選前籌組了超級輔選團隊，包括李嘉誠在內的香港各界工商名人盡入其中，像李兆基、郭炳聯、鄭家純、吳光正、陳啟宗、胡應湘、羅康瑞、郭鶴年、李國寶、任志剛、史美倫等人皆表態支持。對政治十分敏感的李嘉誠，更是挺身明助李家超。

五年前的特首選舉，由曾俊華對決林鄭月娥。一開始，李嘉誠不想得罪人，堅持不表態，卻在選前九天公開說出：「如果有男媧補天，我可以答你，但神話是女媧補青天嘛！」表明支持林鄭月娥。儘管如此，李嘉誠父子三人當時並未加入林鄭競選團隊，但這次李嘉誠父子竟成了競選顧問團和主席團成員，將特首選舉塑造出「萬民擁戴」的景象。

很明顯地，這場特首選舉已強烈宣示，「香港中國化」即將邁向最重要的一大步！

港股榮光已成明日黃花

就在李家超當選前夕，無國界記者組織發布了2022年「世界新聞自由指數」（World Press Freedom Index），針對全球180個國家與地區的新聞自由度予以排名。香港從前一年的80名退到148名，比新加坡的139名還差，這樣的成績帶給港人相當大的震撼。

名列前茅的都是挪威、丹麥、瑞典等北歐國家，台灣從43名推進到38名。排在後段班有153名的白俄羅斯、155名的俄羅斯、176名的緬甸、178名的伊朗。中國排在相當後面的175名，北韓則是最後一名。

這份排名中，就屬香港的變化最大。2002年，香港名列前茅，排在18名；2011年還能排在34名，此後就逐年下滑，林鄭時期已退到70至80名之間。2022年的最新排名來個「跳空下跌」，已跟極權體制沒什麼差別，這樣的體制將決定香港的未來。

有人統計過歷任特首在位時的港股表現：董建華時代，香港歷經回歸，港股回挫9%；曾蔭權任內，港股大漲39%；從2012年起的梁振英時代，港股也大漲了30%。然而林鄭月娥任內的2017年7月至2022年5月，恒生指數下跌22%，香港最大的轉折就是在這個時期。

股市是經濟的櫥窗，港股跌跌不休當然與資金外逃有關。在政治高壓下，高資產港人蜂擁選擇移民。尤其在反送中抗爭後，黎智英等民主派人士相繼遭到拘押，中國的監管力道也逐漸加重，香港的國際情勢與地位出現空前變化，港人就是最大的受害者。

隨著美中關係持續惡化，從貿易戰、科技戰到金融戰，眾多中資企業紛紛回港掛牌，造成香港股市流通籌碼增加。例如，阿里巴巴在香港中央結算系統的持股從38.17%拉升到55.5%，百度從79.87%拉升到82.7%，京東的持股比率更是從24.68%拉高到78.12%。

雖然這些重量級中資企業將上市基地移回香港，但過去一年多來，中國點名嚴控行業，直搗平台經濟，嚴打補教產業，都造成這些企業股價慘跌，連新加坡政府投資公司和淡馬錫控股都成了最大受害者，香港本地財團更在「共同富裕」的號召下人人自危。此外，澳門博弈產業也出爐最新監管規則，除了澳門本地人入股，還有中央進駐監管，永利、金沙、米高梅等濠賭股皆因此慘跌。

長期以來，香港股市是全球「近悅遠來」的龐大市場，但是在本地與國際資金相繼撤出後，又面臨從美返港上市的巨大籌碼供應壓力，港股交易量因此頻頻下滑。如此一來，香港昔日的繁華景象很可能急轉直下。

莫忘勇哉黎智英

讓我們回到2020年8月10日，那一天，香港警方以「勾結外國或者境外勢力危害國家安全罪」等罪名，拘捕了「其實可以輕易逃離香港的」黎智英。十個月後，2021年6月11日，美國共產主義受害紀念基金會將年度最高榮譽「杜魯門一雷根自由 」頒給黎智英，表彰他致力於香港民主自由，頑強反抗共產主義與任何形式的暴政，不計代價堅決為反抗中共獨裁統治而奮鬥。

敵對國家的反共團體頒獎給叛亂分子，肯定帶來強大後座力，港府果然很快就出手了。6月17日，從行政總裁張劍寒以下，香港壹傳媒高層共有5人遭到逮捕。

壹傳媒原本預計在2021年改選董監事，黎智英手握18.78億股，占71.26%股權，擁有絕對控制權。然而，香港警方認定黎智英勾結外國勢力、危害國家安全，凍結黎智英名下財產，禁止他行使壹傳媒投票權。因此，只要召開股東會，老闆肯定換人，黎智英經營數十年的壹傳媒必將成為過去式。雖然簽證會計師跳出來反對，認為此舉違反自由市場機制，卻也孤臣無力可回天。

無奈之下，壹傳媒只好在6月30日向員工發布消息，宣布隔日起停止運作。然後在9月5日發出公告：公司主席和所有董事辭職，並計畫公司清盤，以保護股東、債權人和員工。

2021年12月15日，香港高等法院法官下令壹傳媒破產，黎智英的傳媒王國正式瓦解。

還沒正式定罪，財產先被凍結，這是香港私有財產制百年來的最大衝擊。換言之，只要踩到《港版國安法》紅線，例如在香港接受外國媒體訪問，很可能就是「勾結外國勢力」，瞬間被凍結財產。

黎智英遭關押後，過去常跟他一起吃飯喝酒聊天的台灣老友，都要看中國爸爸的臉色，全部噤聲不語；相反地，這些企業家卻經常對台灣政府大小聲，扮演「以商逼政」的馬前卒角色。大家應該好好想想，有朝一日台灣的私有財產制若是不保，企業家還有明天嗎？

我永遠不會忘記從容赴義的勇者黎智英！

今日香港，明日台灣

過去幾年，香港移民台灣的人數屢創新高。過往港人以美加紐澳為主要移居地，後來台灣也成了熱門首選。根據台灣移民署統計，2019年反送中抗爭開始後，申請移民台灣的人數激增：2018年有5238人獲得居留及定居許可，2019年增至7332人，2020年急升至12389人，2021年更增至12858人。

這些港人在台灣置產，許多地方也出現帶有廣東話口音的「香港村」。日漸增多的移民，透露出港人對於一國兩制的疑懼。

不少台灣企業界人士常說：「只要拚經濟，不要太在乎政治。」其實，香港人百年來深信不疑的也是如此：只要關心肚皮，沒人在乎政治。然而，當一國兩制五十年不變的精神開始出現變化時，當《逃犯條例》和《港版國安法》在港人頸項各架上一把刀時，政治就深深影響每個人的未來。

因此，一連串反送中抗爭行動，逼得多數香港人站出來了。他們開始接受政治的考驗，從避談政治轉而面對政治。

有些政治人物動輒將「發大財」掛在嘴邊，然而，沒有自由的發大財，就像被餵飽的待宰肥鵝，根本沒有明天。

香港那令人惋惜的未來，正是台灣活生生的借鏡！

Part 3

斬獲——
福爾摩沙浴火重生

19

曾經失落三十年

從1989年到2019年，整整走了三十年，
台股總算重新站上12000點，回到三十年前的高點。
不過同樣是12000點，歷經滄桑變化的台灣卻譜出截然不同的故事。

過往曾有很長一段時間，「唱旺中國、唱衰台灣」始終是台灣人的「共識」；然而，自從2018年3月美中貿易戰開打以來，有些人發現情勢逐漸在逆轉了。儘管有人說台灣經濟鬼混了二、三十年，也有人說中華民國是一家即將破產的艱困公司，但是從2019年前三季呈現的數據觀察，台灣的困境其實正在扭轉中。

關於這一點，我們來聽聽兩位具有代表性的經濟專家怎麼說。

第一位是元大寶華經濟研究院院長梁國源。2019年9月25日，元大寶華將當年度的GDP成長率調升至2.3%，較3月初估的2.1%上修0.2個百分點，並首度預測2020年的GDP成長率是2.2%。梁國源點出「上修」的關鍵是：「沒想到台商回流的效應如此高！」

元大寶華預測的台灣民間投資成長率，從3月預估的3.67%上修到5.05%，主要是2019年前8個月的半導體設備進口大幅增加，代表投資活絡、撐住成長動能，抵銷出口減少對於經濟成長的衝擊。梁國源指出，美中貿易戰觸發的轉單效應，使得台灣經濟出現扭轉點，這包括政府推出的投資台灣三大方案，除了知名科技大廠回台投資，深具指標意義的知名外商也陸續將部分產能移到台灣。

另一位是中央銀行總裁楊金龍。2019年9月19日，央行將台灣當年度經濟成長率上修到2.4%，較6月預測的2.06%上調了0.34個百分點。楊金龍同樣點出，轉單效應確實激勵了出口成長。

央行在報告中指出：年中以來，全球經濟仍呈現放緩，但美中貿易戰出現的轉單效應，促使台商提高國內出口比重，刺激出口逐漸回溫。此外，政府積極推動擴大內需政策，提振民間消費意願，後續廠商增加資本支出，以及台商回台投資助益，皆有助民間投資穩健擴張。

從元大寶華和中央銀行上修台灣經濟成長率，至少能看出三點變化：一是台商開始回流，二是美中貿易戰促成轉單效應，三是半導體帶來的設備投資。

整個2019年，從總體經濟到產業發展，台灣處處有驚奇。當年度全球股市普遍上揚，台股上揚超過12%，遙遙領先香港、新加坡和韓國。雖然外資對台股著墨不深，台股的表現卻依然亮眼，這也印證台商回流的效果超乎預期，而這股回流帶給台灣的改變才剛開始，我們還要繼續看壞台灣的經濟嗎？

台股滄海桑田三十年

從1989年到2019年，整整走了三十年，台股總算重新站上12000點，回到三十年前的高點。不過同樣是12000點，歷經滄桑變化的台灣卻譜出截然不同的故事。

1980年代，台灣是美國的大入超國，台幣被迫走上升值道路。這跟日圓在《廣場協議》後走上快速升值的道路一樣，幣值上升、熱錢湧入，台灣與日本同時上演一場金融寡占與資產泡沫的遊戲。

1985年的十信事件結束後，台灣股市開始從636點狂漲到12682點，足足大漲將近20倍，房地產也暴漲10倍，堪稱是「台灣錢淹腳目」。此後甚至水漲船高，從腳目淹到膝蓋、從肚臍淹到鼻孔，最後淹到沒頂。

巨變發生的前一年，1989年春節假期，羅大佑為電影《再見阿郎》譜出的主題曲〈戀曲1990〉傳唱街頭，成了當時最受歡迎的一首歌。當年9月，鴻源地下投資公司在彰化召開投資人大會，此時台股正快速奔向歷史高點，鴻源投資的四家封閉型基金從10元面額瘋狂飆漲，一路漲到66元才力竭倒下。

最後，台股加權指數在1990年2月12日寫下歷史高點12682，當天迸出2164億天量，緊接而來就是排山倒海的崩跌。這一年，台股從歷史高點狂跌到2485點，如此瘋狂的跌勢堪稱史上空前，當年參與過這場金錢遊戲的股民鮮少能全身而退。一方面，大家從未見過這種歷史大浪，很難不暈船；另一方面，當這道巨浪直撲而來時，許多人陶醉其中，直到浪潮退去後，財富瞬間成空。

加權指數在一年內暴跌10000點，已是史詩級紀錄，從此台灣進入漫長的三十年調整。而在前一年年底，日經指數也從38957點崩跌而下，最後跌到6994點，日本陷入史上最長的泡沫經濟洗禮，直到近幾年才算抖掉一身灰塵。

若是從股價走勢來看，過去三十年的去泡沫化調整中，台灣似乎走得比日本還順遂些。日經指數跌到6994點之後，2019年回到24000點附近，大約回到歷史高點的三分之二；然而經過三十年努力，台股已攻克12000點，站在12682點高峰下，台灣的經濟發展結構也產生了很大的變化。

西進中國成為顯學

三十年來，台灣社會到底發生了什麼事？

1990年前後，股價高、房價貴、工資大幅上漲，再加上台幣大幅升值，促使各家企業積極尋求海外生產基地，南進與西進都是當時的選項。此時中國經濟剛剛萌芽，由於語言相通，人才與資金開始源源不絕流向中國，導致台灣陷入產業與人才被掏空的重大危機。而中國於2001年加入世界貿易組織後，台灣的電子代工廠更是大舉西進，進一步加速產業空洞化。

相反地，自從1989年天安門事件後，中國有如加足馬力的列車，不停地向前奔馳。1994年，當時的國務院總理朱鎔基主導匯率改革，人民幣與外匯券並軌，再加上人民幣急速貶值，使得中國成為全球最迷人的投資聖地。

因此整個90年代，台商西進中國成了顯學，當時有兩家食品公司積極在中國拓展事業：一家是蔡衍明的中國旺旺，從宜蘭食品蛻變而成；另一家是彰化永靖起家的頂新魏家，他們在天津建立了康師傅方便麵基地。此外，蔡其瑞的製鞋大廠寶成，也在東莞和黃江建造足以容納數十萬人的生產基地；至於郭台銘的鴻海，則是選擇在深圳龍華開啟雇用百萬勞工的代工時代。

人們常說「早起的鳥兒有蟲吃」，在中國低廉的工資和土地成本協助下，這批早期進入中國的台商迅速從中小企業變成超大企業，他們是搭乘中國快速列車向前行的奔馳者。

這三十年的傳奇際遇，堪稱人類史上罕見；而台股經歷三十年的困難調整，主要關鍵就是「中國因素」。

中國因素始終是影響台灣的最大變數，除了台灣企業奔相投資中國，中國對台灣的影響力也越來越大；而在中國經濟快速奔馳的同時，台灣的經濟成長卻每況愈下。所以，台灣人喜歡拿兩岸經濟來對照，「唱旺中國、唱衰台灣」才會變成許多台灣人的共識。

90年代是中國經濟發展的初升段，「西進」是主旋律。挾著人民幣大貶值創造的優勢，不僅原本打算南進東南亞的資金全部轉成西進，連東南亞國家的資金都被掏空，造成1997年至1998年股市狂殺的亞洲金融風暴，韓國與東協國家貨幣大貶，經濟蒙受重大傷害。

當時，印尼盾從2296兌1美元跌到16950，菲律賓披索從26.8兌1美元跌到58.5，泰銖從22.2兌1美元貶到56.5。至今，那段慘痛經歷仍讓東協國家和韓國餘悸猶存。

苦撐待變，積極轉型

在這三十年大變動中，台灣多數產業只是把生產基地移到中國，像電子業就是以電子五哥（廣達、緯創、和碩、仁寶、英業達）為主角，在中國建立龐大的生產基地。時序進入2000年，中國積極加速發展科技產業，挾著國家巨資搭建起來的產業把全世界打得灰頭土臉。

最具代表性的就是太陽能產業，從無錫尚德和江西賽維，中國開啟了投資太陽能的黃金時代。然後，在保利協鑫能源控股有限公司無限量的擴廠下，形成價格殺戮，台灣的太陽能產業就一家家倒下了。接著是京東方和華星光電帶來的面板產業殺戮戰，台灣面板雙虎（友達、群創）最後都變成小貓，後來則是三安光電帶起的LED殺戮戰。

凡是能大量生產且具有標準規格的產業，只要中國企業大舉入侵，都會成為燎原之勢，殺成一片紅海，這是台灣產業三十年來的悲慘命運。幸好，經過瘋狂殺戮後，台灣產業漸漸懂得不攖其鋒，開始尋找少量多樣的利基型產業，踏上積極轉型的道路。眾多電子大廠不再以追求營業額為目標，轉而重視毛利率。

很幸運地，美中貿易戰錦上添花，為台灣帶來全新機遇，過往大舉出走的資金與人才開始回流。許多敏感關鍵性的產業，如雲端伺服器與安全監控等，都要移回台灣生產。

以前台灣產業常被批評「鎖國」，其實是台灣把自己「鎖進了中國」。這場美中貿易戰除了加速製造業從中國移出，台灣與美國的產業也重新連結，美國更積極協助台灣重建供應鏈，台積電正是一大代表作。

同樣的高點，不同的故事

橫跨了三十年，同樣是12000點，卻訴說著不同的故事。三十年前奔漲到最高點的台股，憑藉的是金融寡占與資產膨脹的力量。在那個年代，最具代表性的國泰人壽，最高漲到1975元。其次是三大商業銀行，分別是華南銀行漲到1120元，第一銀行漲到1110元，彰化銀行漲到1105元。此外，台北企銀也漲到1180元，中華開發漲到1075元，總共有六檔金融股超過千元。

除了金融股，資產股的狂漲也很驚人。最令人驚歎的是台灣火柴（現在更名為「台火」），儘管獲利有限，卻憑藉著資產炒作，一舉將股價推升到1420元。其他暴漲的資產股，包括勤益紡織漲到525元，泰豐輪胎漲到416元，南港輪胎漲到334元，還有台鳳、台泥、士紙、新紡、工礦、農林等，全都創下驚人天價。

然而，無論是金融股的狂漲，或是資產股的炒作，這些公司的獲利都相當有限，絲毫沒有「本益比」可言，股價已經漲到「本夢比」階段。一旦資金退潮，就像土石流滾下，所有人只能四處逃竄，這就是台股在1990年瞬間崩跌萬點的主因。股價的樓起樓塌，完全建立在資金堆砌資產的炒作上。最後，資金退潮了，投資人只能鳥獸散。

30年後，台股重返12000點，領軍的企業都有本益比，攻堅主角變成台積電。經過一輪股價大漲，台積電在2019年底的市值直逼新台幣9兆，本益比26.14倍，殖利率2.41％。整個2019年，台積電累積的最大漲幅超過67％，股價雖然大漲，本益比卻合理，殖利率也不差。

另一家是努力挑戰高通5G晶片的聯發科，2019年股價大漲93.9％，本益比34.34倍，殖利率2.02％，在全球IC設計公司中也算合理價位。至於市值第二大的鴻海，2019年的股價淨值比只有1倍，本益比9.68倍，殖利率仍達4.4％；從投資角度來看，鴻海的股價十分合理。

這種由科技股領軍的股市圖像與三十年前截然不同，當時的資產股和金融股根本談不上殖利率，也沒有本益比。而且，這次也不是全面大漲，若是投資市值同樣名列前茅的台塑四寶，獲利應該大不相同。

唯有用心，才能再現風華

2019年的台灣前十大市值企業中，除了台積電、大立光、聯發科和鴻海，多數呈現跌勢。像台塑四寶中的台化下跌了15.23%、台塑化下跌了9.9%、台塑下跌了0.5%、南亞下跌了3.31%，都是全面下跌的態勢。至於兩大金控公司，國泰金控下跌了9.26%，富邦金控也下跌了1.17%。

還有很多傳統產業受到中國產能大開的影響，像中鋼在2019年11月首見虧損，股價跌了1.64%。而長年穩定配息的第四大市值企業中華電信，在「499元吃到飽」的殺價競爭下，盈利成長空間下滑，從2018年的收盤價113元到2019年末的111.5元，也是呈現小幅下跌的狀態。

這種現象引來許多人批評，台股能站上12000點，只是台積電一枝獨秀；若是扣除台積電，加權指數大概只有9134點。的確，這是鐵錚錚的事實，卻也同時說明這波漲勢由科技創新領航，與過去資產股和金融股純粹仰賴資金推砌的人為炒作大大不同。相較於三十年前，由台積電和聯發科領航的科技創新行情其實更健康。

整體股市上漲，原本就不代表所有股票都會跟著漲，只有用心經營的企業才能勝出，這就是下一個三十年再現風華的鐵律！

20

過得還不錯的一年

疫情撞擊了全球，也衝擊了台灣；幸好台灣防疫有成，經濟表現卓越。在這場百年大疫蔓延時，我們很幸運擁有「過得還不錯的一年」。

長久以來，我們自認是小國，只是個小小經濟體；然而若是從人口總數來看，台灣其實一點都不小。例如澳洲有2400萬人，只比台灣多100萬，但我們都認為澳洲是大國，這是因澳洲廣袤土地所造成的認知錯覺。若是拿歐洲眾多國家來比較，其實只有9個國家的人口總數超過台灣，台灣人熟悉的荷蘭只有1650萬，捷克只有1050萬，瑞典只有923萬，瑞士也只有725萬，丹麥更只有575萬。

然而多數人不覺得瑞士小，因為它每年吸引超過3000萬觀光客到訪，每年出口2100億瑞士法郎，其中化學製藥占了45％，鐘錶、精密儀器和首飾占了20％以上。同樣地，很少人覺得丹麥小，因為該國是豬肉出口大國，更是離岸風電出口國，台積電買下的離岸風電就是來自丹麥的沃旭能源

（Ørsted）。

在台灣，每年至少有1700萬人次出國旅遊，平均花費超過8000億，但是2020年這場疫情造成國際人流幾乎中止，也困住了喜愛海外旅遊的台灣人。像那些經常在國際間飛來飛去的企業家，兩年多來幾乎都被困在台灣，結果國內每一座高爾夫球場都爆滿。更不可思議的是「類出國」，許多民眾懷念搭機飛各國旅遊的日子，只好搭機去澎湖、金門、馬祖或台東過乾癮，使得國內航線班班爆滿。

換個角度思考，以前國人拿8000億到其他國家花用，現在留在台灣消費，可為台灣帶來多麼大的內需成長動能！許多觀光景點設備簡陋、缺乏美感，現在正是重新營造台灣觀光基本面的最佳機會。

我們總覺得台灣市場不夠大，只能專攻外銷市場；然而這只是一念之間的轉變，疫情或許會改變我們的舊觀念，不再把自己當成小國。

台灣有領先全球的半導體和相關產業聚落，台積電的先進製程已成為無法撼動的全球半導體產業龍頭，這是台灣產業發展的大動脈。假如聯發科也能壯大到足以匹敵高通（Qualcomm），台灣將有第二座護國神山，相關的IC設計產業也會在高毛利率加持下日趨壯大，這就是矽島的威力延伸。

現在也開放美豬進口了，既然走向開放，台灣的養豬產業就要追求更卓越品質與高值化養殖，以西班牙伊比利豬、匈牙利綿羊豬、日本鹿兒島黑豚為目標，培育征服外國饕客的極品，這才是正確的轉型道路。

疫情撞擊了全球，也衝擊了台灣；幸好台灣防疫有成，經濟表現卓越。在這場百年大疫蔓延時，我們很幸運擁有「過得還不錯的一年」。

電子零組件的關鍵角色

根據財政部公布的資料，2020年11月，台灣出口值高達319.9億美元，年成長12%，這是連續四個月出口站上300億美元的難得紀錄。促成出口連續暢旺的主因，即是資通訊產品與電子零組件。其中電子零組件出口126.4億美元，較2019年同期成長19.5%，史上單月第三高；資通訊產品出口47.6億美元，年成長18.5%，更是創下史上單月新高。

這份資料也顯示，在數位化浪潮下，我們的電子零組件出口占比已達39.2%。2020年疫情席捲全球，台灣是少數出口逆勢成長的國家，電子零組件出口扮演重要角色。

從兩岸貿易依存度來看，中國無疑是台灣最大的出口市場。2020年前十一個月，兩岸雙邊貿易總額是2356.9億美元，年成長12.8%，其中台灣出口到中國（含港澳）達1817.1

億美元，年增15.6%，這比台灣前十一個月出口總值年增4.2%還高出很多。

台灣出口到中國占了58.18%，台灣對中國的順差是1277.3億美元；中國對台灣的出口總值是539.8億美元，年成長8.4%。所以，如果少掉中國這個市場，台灣的出口鐵定轉成逆差，從數字即可看出兩岸貿易的依存度與重要性。

到了2021年，台灣出口到中國1889.06億美元，進口841.71億美元，順差是1047.35億美元，其中半導體的電子零組件占了1043.4億美元，約占55%。看得更仔細些，就會發現電子零組件的最大出口市場就是中國，因為美中角力從貿易戰轉向科技戰，華為和中芯遭到美國制裁，很多半導體相關零組件只能從台灣進口。換言之，台灣必須十分警惕，假如上千億美元的順差被中國攻占、中國不再需要台灣的電子零組件，整個貿易順差就會變成逆差，這是台灣真正的「命根子」。一旦台灣的半導體產業失守，兩岸不必打仗，台灣就敗了，這才是重中之重的核心所在！

兩岸關係與台灣經濟的辯證

兩岸經貿交流從1978年鄧小平改革開放開始，當年的雙邊貿易只有5000萬美元。到了1993年超過100億美元，2006年超過1000億美元，2019年達2280.8億美元，2020年前十一個月已超過2019整年。由此可見，不論兩岸關係如何變化，貿易依存度一直很高。

所以，很多人喜歡說只要兩岸關係不好，台灣經濟就一定不會好。可是不管怎麼看，2020年絕對是兩岸關係很差的一年，中國軍機和戰艦頻頻擾台，兩岸貿易熱度卻還是有增無減。為什麼？因為中國仰賴台灣出口的半導體零組件與資通訊產品，兩岸關係不好也無法阻擋經貿發展熱度。即使有人撰文說：「遠離中國？免了！台灣經濟註定依賴中國！」但是從貿易內容來看，雖然台灣依賴中國，中國可能更倚賴台灣！

弔詭的是，兩岸關係和好時，人才和資金大舉前進中國，台灣經濟卻陷入谷底。

回頭看看2012年馬英九執政時期，中國從地方到中央絡繹不絕前來台灣招商，各大工商團體忙於接待來訪的中國團體，超過100萬台灣民眾前往中國工作，在中國定居的台灣人一度超過200萬。然而當時台灣經濟陷入困窘，股市每日成交額只有500至600億，加權指數徘徊在7000點上下。那個時候，一份民調調查國人對經濟的看好度，看壞台灣經濟的國人超過九成。

相反地，蔡英文在2016年執政後，兩岸關係雖然越來越差（這可從國人在中國工作人數逐漸下降看出端倪），國人對台灣經濟的信心度卻逐漸提升。究其主因，就是生產基地逐漸移轉，許多依附勞力密集的產業逐漸把生產基地移往越南等東協國家，高階製造產業則是陸續移回台灣。根據經濟部長王美花於2020年12月17日參加《財訊》論壇時提供的最新資料，台商回國投資金額已逾1.158兆，投資台灣已成一股新動能。

同一天，行政院主計總處公布了2019年國人赴海外工作人數，總計73.9萬，較2018年增加2000人，成長率0.4%，顯示台灣民眾出國工作的比率不低。但是進一步觀察，2019年赴東南亞地區工作的人數上升8000人，赴中國（含港澳）減少9000人，赴美國也減少了3000人，顯示西進工作的人數開始趨緩，南進工作逐漸增加。

若是拉長十年來看，從2009年到2019年，國人赴海外工作增加7.7萬，平均年增率1.1%，赴中國工作卻減少1.4萬，占比從61.7%降至53.4%。反而是赴東南亞工作的人數增加4.3萬，占比由11.6%上升到16.2%，平均年增率是4.5%。

這代表過去三十年台商投資中國的軌跡，也看出台商生產基地的移轉路徑，東協市場正逐漸成為台商的新生產基地。

過去三十年，台灣將經濟鎖進了中國，善用中國廉價勞力的台商快速崛起，像寶成、正新和鴻海都是大贏家。再看看下一個三十年，科技創新成了最強大的驅動力量，台灣與美國重新連結，眾多國際大廠來台設立人工智慧實驗室或人才育成中心，台灣成了全球新生產基地，這將是台灣經濟再起的強大動能。

最戲劇性的一年

對全球而言，2020年真是多災多難，百年來最猛烈的瘟疫四處蔓延。《時代雜誌》就在封面標題畫了個大叉，開宗明義表示「這是最壞的一年」。

在這場世紀災難中，世人也見證到金融市場遭受史上罕見的巨大衝擊。例如道瓊指數一天內重挫2997點，一個月熔斷4次，連股神巴菲特都說此生從未見過。代表市場恐慌氣氛的VIX指數（Volatility Index）也衝到歷史新高84.83，油價則是一度出現每桶「負40.32美元」的詭異價格。此外，全球人員流動幾乎凍結，跨國旅遊相關產業淪為「慘業」，這場百年大疫真是為全球經濟帶來巨大衝擊。

各國政府為了刺激經濟，無限量寬鬆銀根，卻也造成資本市場出現百年來罕見的奔馳。例如美國四大指數齊揚，漲幅最小的道瓊指數登上川普最早喊出的30000點關卡，全年上漲7.24%；而代表科技股的那斯達克指數大漲43.6%，費城半導體指數更是狂飆51.1%。美國雖是疫情重災區，奔馳的股價卻讓全球大開眼界！

然而對台灣而言，2020年或許是「最戲劇性的一年」，甚至可說是「最好的一年」。這當中主要有3個亮點：

- 首先是台灣防疫有成，贏得舉世讚嘆。國際媒體數度報導台灣的防疫成就，蔡總統也多次成為國際媒體封面人物，美台關係的進展更是數十年最佳狀態。
- 再來是台灣民眾對經濟的感受出現重大蛻變。過往有很長一段時間，台灣的經濟表現經常在亞洲四小龍殿後，使得台灣人自怨自艾，唱衰台灣幾乎成了全民共識。但是從2019年起，台灣的經濟成長率躍升為四小龍之首。2020年更是充分展現風華，在韓國、新加坡和香港都出現負成長的同時，台灣的經濟成長率達到2.98%，超越中國的2.3%，這是1990年以來從未出現的情況。這一年，台灣經濟可用「內外皆溫」來形容。從8月的單月出口值衝破300億美元後，出口暢旺即成常態。全球經濟皆在降溫，台灣是少數出口成長的國家，以半導體為主的電子零組件扮演了非常關鍵的角色，這是「外溫」。至於長期低迷不振的內需消費，則是由振興三倍券在2020下半年發揮效果。再加上疫情凍結人員流動，國內旅遊出現2.1億人次空前盛況，帶動了內需消費，使得國人在第三季的國內消費大幅成長5.09%，這是過去罕見的「內溫」。

- 最後是資本市場在2020年寫下許多傳奇。加權指數全年上漲22.8%，台股市值一年增加9.49兆，全年新增開戶人數超過60萬，年輕人開始進入股市，股市開戶人數上升到1117萬人，每日平均成交量從2019年的1200億上升到2020年的2007億，日均量成長67.25%，這是三十年來罕見的股市熱潮。也是在這一年，台股正式超越高懸30年的12682點極限，持續向前奔馳。台積電扮演領軍攻堅的角色，其美國存託憑證全年上漲87.69%，在台灣的股價上漲60.12%，市值從2019年底的新台幣8.58兆拉升到13.74兆，成為全球第九大市值企業。小小的台灣能夠培養出台積電這般超級企業，實在很不容易。

疫情蔓延促成宅經濟發威，也為台灣帶來空前的機會，成為全球半導體產業重鎮。這是台灣半導體產業興旺的一年，除了台積電市值大增，聯電也躍升為全國第八大市值企業，一年增加3928億市值；聯發科股價飛快奔馳，一年增加4828億市值；而台達電在綠能布局有成，也在2020年躍升為全國第六大市值企業，一年增加2896億市值。

股市上漲，企業市值大增，也為產業帶來更強大的競爭力。從經濟角度來看，2020年真是台灣美好的一年！

21 台灣未來的美麗與哀愁

從全球化轉向區域化，台灣也要重新思考下一回合的經濟戰略。
過去三年，台商回流帶來充沛的經濟活力；
現在面對這場「逆全球化」世界大局，
如何進一步發揮靈活移動的戰略，
延續過去三年的經濟高成長，顯然已到關鍵時刻！

走過疫情蔓延的第二年（2021年），評論家范疇點出3個重點：一、在習近平幫助下，台灣成為世界風雲國家。二、在習近平引導下，中國走上荒謬的回頭路。三、在新冠病毒肆虐下，全球進行一場無煙硝的第三次世界大戰，染疫死亡人數比前兩次世界大戰加總還多。這三個重點都與習近平有關，所以他認為，習近平是2021年世界風雲人物！

至於台灣，經過2020「過得還不錯的一年」，竟然能在2021年的驚滔駭浪中更上一層樓，走出一段波瀾壯闊的經濟發展軌跡，實屬難能可貴。

這讓我想起一件往事：2008年至2012年間，張忠謀非常重視台幣匯率走向，經常與當時的央行總裁彭淮南隔空交火。他認為，台幣升值太多會使台灣失去競爭力，同時讚揚韓國的匯率控管比台灣好。2009年出任台積電執行長時，張忠謀還特別在記者會上提到，台幣升值將會侵蝕台積電7.7%的淨利。

在那個年代，台灣產業界對匯率非常敏感，像工具機業者就經常出來喊救命，認為台幣升值讓他們活不下去。當時大家最在意的，就是台幣不能比韓圓強勢，否則台灣產業會失去競爭力。

然而，比較一下近幾年台幣與韓圓的走向，就會發現台灣已跟韓國走出完全不同的格局。2016年起，新台幣從33.838兌1美元一度觸碰到27.375，升值力道相當猛烈，而且是呈現陡峭的升值曲線。相較之下，韓圓則是區間震盪，幾乎原地踏步。2016年蔡英文當選總統那一天，韓圓是1185兌1美元，現在是1199，呈現微幅貶值走勢；然而台幣的強力升值，使得台灣人均所得從落後韓國6000美元到追上韓國，這是貨幣效應呈現的新變化。

2021年底，台幣收盤在27.67兌1美元，這是二十五年新高。令人訝異的是，過去反對台幣升值的企業家都噤聲了。這當中最大的變化，就是台商回流與產業升級。

過往在弱勢台幣保護傘下，可以穩穩賺取台幣貶值的匯差，造成台灣充斥著「毛三到四」產業。但是這五年來，台幣大漲20%，毛利率若未提升，根本不可能生存。

就以台積電的毛利率為例，從2019年首季的41%，至2021年第四季拉升到52.7%；台幣越是升值，獲利反而越強。最可怕的是，台灣IC設計公司的毛利率都從50%起跳，許多工具機產業的毛利率也超過30%。台灣產業加速轉型，獲利不斷上升，2021年稅後純益超過5.57兆，這是史上最佳獲利成績。

在台幣猛烈升值的趨勢下，台灣默默完成一場產業寧靜革命，真是令人欣慰！

令人驚豔的經濟數據

2021年，台股以18218點封關，全年大漲3486點，漲幅高達23.66%。相較於韓國上漲3.63%、日本上漲4.91%、新加坡上漲9.81%、上海A股上漲4.78%、深圳A股上漲8.62%、香港恒生指數下跌14.08%、香港國企指數下跌22.3%，或是道瓊指數上漲18.7%、那斯達克指數上漲21.3%、德國上漲15.79%，台股在全球的表現名列前茅，在亞洲也僅次越南，這是相當出類拔萃的表現。而且，台股是站在史上從未見過的18000點以上封關，真是難以想像的高指數。

除了股市表現令人驚豔，台幣以27.69兌1美元封關，全年升值2.95%，成為全球最強勢的貨幣，比人民幣升值2.66%

還要強勁。2021年，美元指數先低後高，全年升值6.39%，全球主要貨幣兌美元大多呈現貶值，即使是一向與台灣競爭的韓圓都貶值了9.65%以上。台幣在全球表現最為亮眼，而且是25年來新高價，使得台灣展現出「股匯雙漲」的新格局。

至於這一年的台灣出口表現，那就更加卓越了。全年出口總值為4464.5億美元，比2020年的3453.4億美元成長29.4%，這是史上最猛的出口數字，而出超652.8億美元也是歷史之最。若是從2018全年出口3360億美元開始計算，台灣出口已連續三年強勁成長。

2020年1月武漢封城時，台灣的出口總值從250.7億美元起跳，到12月是330億美元，2021年12月則是跳升至407.2億美元。從2021年10月出現400億美元這個數字後，每個月都維持在400億美元以上，第四季更寫下1224.2億美元的空前紀錄。在外銷接單一路奔馳的情況下，2022年的出口應該仍會往上走，只是基期太高了，成長肯定趨緩。

值得注意的是，如此驚人的出口總值，是在台幣匯率大幅升值的情況下達成的，這相當不容易。而且，2021年的進口總值是3811.7億美元，成長33.2%，成長幅度其實大於出口。更難得的是進口內容，從國外進口的設備資本財是689.8億美元，半導體設備87.8億美元，成長37.6%。其中有很多是向荷蘭艾司摩爾購買的設備，這也是台灣在2021年對歐洲雙邊貿易額大幅增長的原因。

此外，台灣在2021年對中國和香港的出口總值是1889.1億美元，成長24.8%，順差達1047.4億美元。雖然出口成長率略低於美國的30%、對東協的32%、對歐洲的36.8%，卻仍是出口的最大市場。不過，兩岸貿易依存度已從2020年的43.4%降到2021年的42.3%。

疫情開始肆虐時，台灣的出口總值是3453.4億美元，比2019年成長4.9%。相較於中國出口成長3.7%、香港出口成長2.6%，台灣是全球出口成長最亮眼的國家，當時已超過俄羅斯和西班牙，成為全球第15大出口國。在相對高基期的情況下，2021年竟然還有將近三成的高成長，經濟成長率也超越6.09%，這是台灣經濟的新高表現。

長久以來，台灣人總感覺自己很渺小，尤其對比巨大的中國，台灣更是樣樣渺小。然而經過這幾年的量變與質變，台灣已是經濟大國，蓄勢挑戰全球第20大經濟體。若以「購買力平價指數」來統計，台灣的人均所得其實已超過德國。可惜的是，如此強大的經濟實力，卻在全球遭受極不公平的對待。

然而經過2020年和2021年的傳奇經濟旅程，不論股價、匯價、出口或經濟成長率，每個數字都十分亮眼。擁有如此亮眼的經濟數據，加上優良的防疫表現，台灣在2021年成為「世界風雲國家」絲毫不令人意外。

俄烏戰爭帶來的警示

經過兩年的疫情困擾，2022年伊始，正當世界各國準備面對後疫情時期的全新挑戰時，俄羅斯強人普丁決定攪動一池春水，以「非軍事化、去納粹化」之名，於2月24日派遣軍隊入侵烏克蘭。

由於雙方實力懸殊，原本被視為速戰速決的戰爭，在烏克蘭奮勇抵抗與西方世界鼎力相助之下，居然持續到6月底還未結束。全球經濟已在2022年飽受通膨加劇的困擾，這場戰爭又添加更多變數，世界各國都感受到莫大壓力。

對此，英國的經濟學人智庫列出俄烏戰爭10大衝擊：

- 普丁力阻烏克蘭加入北約，企圖在烏克蘭與西方世界之間建立緩衝區，這場戰爭將為歐洲大陸帶來新分裂。
- 終結後冷戰時期的世界秩序。
- 俄羅斯將深化與中國的戰略結盟。
- 世界加速分化成兩個敵對的競爭陣營，疫情與戰爭使得行之多年的全球化轉向區域化，許多國家被迫選邊站。
- 歐洲安全再獲聚焦，影響美國「轉向亞洲」：一方面要遏阻俄羅斯這個衰退強權，另一方面又要集中力量應付中國這個新興強權。

- 戰爭加速全球軍備競賽。
- 德國更積極參與歐洲安全政策，新總理蕭茲（Olaf Scholz）已承認梅克爾時期的錯誤，放棄與俄羅斯合作的北溪二號天然氣管線。
- 與俄羅斯接壤的國家危機感大增，歐洲國家被迫表明立場。
- 全球民主遭遇更大挑戰，寡頭獨裁政體與開放自由市場的鬥爭將會加劇。
- 俄烏戰爭將鼓動區域強權升高其他進行中的衝突，例如懷抱收復失土或擴張野心的區域強權，包括中國對台灣、土耳其對東地中海、甚至亞塞拜然對鄰近國家的野心。

這10個趨勢對台灣具有深切的啟發，例如范疇提到，兩岸貿易依存度高達46%，台灣的金融機構對中國的暴險部位高達台幣1.339兆。所以，他認為台灣的經濟與金融也要來一場「漢光演習」，因為獨裁者會發動戰爭，通常是經濟發展陷入困窘的突圍舉動。中國經濟已經走了三十多年順境，一旦面臨重大困局，難保不會發動戰爭，這是台灣必須念茲在茲的安全警戒。

重重考驗，接踵而來

走過風生水起的2021年，台灣前景看來十分美麗：台幣升值高居全球之冠，GDP創下6.28％的罕見好成績，人均所得直追韓國，上市櫃公司全年淨利高達4.298兆，這些數字可用「登峰造極」來形容。然而時序進入2022年，過去三年的好運開始面臨巨大考驗，隱含著一股淡淡的哀愁。

最令民眾印象深刻的，就是外資把台股當提款機。僅僅從年初到4月11日，外資就賣超台積電逾50.3萬張、聯電逾84.3萬張，光是晶圓雙雄就被外資提款超過3000億，整個台股總共賣超逾5191億，這樣的賣超數字絕對是歷年之冠。

造成外資把台股當提款機的原因很多，台灣在地緣政治上的敏感地位就是其一。這場俄烏戰爭，促使許多國家驚覺晶片生產在地化的重要性。當然，晶片生產並非一夕可成，但是在日後反全球化、生產基地也要選邊站的地緣政治變化中，台灣如何力保優勢將是重要的挑戰。

經濟學人智庫不斷重申「從全球化走向區域化」的歷史轉折，這揭示了帶領人類走向和平紅利的全球化時代可能終結，也對台灣帶來茲事體大的影響。台商是過去三十年全球化的受惠者，一旦從全球化走向區域化，台灣還能保持機動靈活的角色嗎？

俄烏戰爭開打後，美國立即展開最嚴厲的經濟封鎖與制裁手段，從最根本的國際金融通匯機制SWIFT下手，再到凍結原油與天然氣交易、取消貿易最惠國待遇等等。相對地，為反制美國制裁，普丁也宣布向俄羅斯購買原油和天然氣時必須使用盧布。這樣的交易機制，可能進一步延伸到農產品和貴金屬。

美中貿易戰向全球化生產開了第一槍，美國開始對中國生產的工業產品課徵關稅，使得「中國生產」不再廉價，這也是通膨加劇的遠因。另一項是國家安全至上的考量，當美國禁止將先進晶片賣給中國、全球通訊設備和伺服器都要防堵內建「後門」時，原本的降低成本考量就轉而以安全為訴求，各國都要建立自主供應鏈。

此外，這場俄烏戰爭也讓各國深刻體會到，石油與天然氣都是重要戰略物資，接下來可能連農產品和貴金屬都是，尤其像鋰、鎳、鈷等稀有金屬。除了晶片生產，台灣極度缺乏這些戰略物資，如今面對以安全考量為主的供應鏈自主重建，應該如何尋求全新的安全屏障呢？

台灣的關鍵時刻

1933年希特勒上台時，英國採取綏靖政策，誤認希特勒是和平使者；直到希特勒入侵捷克和波蘭時，歐洲各國才赫然驚醒，卻已錯失先機。現在，即使美國針對俄羅斯展開空前的經濟制裁手段，也無力澆熄普丁侵略烏克蘭的野心。

不過，這場俄烏戰爭倒也凸顯了中國未來扮演的角色。

2022年3月18日，拜登與習近平進行將近2小時的視訊通話。美國強烈提醒中國不要金援俄羅斯，一旦中國選擇支持俄羅斯，將會加大世界兩大陣營的對撞。俄羅斯的GDP總量只有1.47兆美元，已是沒落的昔日強權；中國的GDP總量卻高達17兆美元，已是全球第二大經濟體，也是美債持有大國。只要中國開始以人民幣對抗美元體系，這個世界就會更加壁壘分明。

俄烏戰爭加速了世界分裂，經濟學人智庫一再提醒：「腳踏兩條船的國家會越來越困難！」台灣站在地緣政治最前線，已經沒有不選邊站的空間。我們面對的，是持續壓縮台灣生存空間的中國，大家都不希望台灣變成阿富汗或烏克蘭。

同時，俄烏戰爭也讓世人驚覺，戰事已擺脫傳統兩軍對戰之勢，而是呈現高度科技戰。這場不對稱戰爭帶給台灣很大的啟發，增強國防與科技實力將是我們必須努力的方向。

從全球化轉向區域化，台灣也要重新思考下一回合的經濟戰略。過去三年，台商回流帶來充沛的經濟活力；現在面對這場「逆全球化」世界大局，如何進一步發揮靈活移動的戰略，延續過去三年的經濟高成長，顯然已到關鍵時刻！

22 百年難遇的嚴峻考驗

我們常以「百年難遇」來形容上罕見的事件，
如今這些百年難遇的事件，都在2022年出現了。

俄烏開戰三個月後，拜登於2022年5月19日登上空軍一號，展開上任以來首度亞洲行，第一站到訪韓國，這是尹錫悅接任韓國總統後的第一件大事。拜登一下飛機，立即在尹錫悅陪同下，前往三星集團位於平澤的晶圓廠參訪。他在一片晶圓上簽名，同時表示：「這些僅僅幾奈米厚的晶片，是推動我們邁入科技發展新時代的關鍵。美韓兩國合作打造世上最先進的科技，這間工廠就是明證。」

這次拜登只出訪兩個國家，一是韓國，一是日本。除了尹錫悅，他還拜訪了日本首相岸田文雄，並且在日本啟動「印太經濟框架」，澳洲、東南亞和東北亞等印太國家領袖也透過視訊與會。不過，為了淡化印太經濟框架的「抗中印象」，美國國家安全顧問蘇利文強調，台灣不會被納入首輪名單。

從這趟亞洲行，我們可解讀出一些新方向：首先是啟動印太經濟框架，進一步增強圍中部署。其次是韓國重新加入親美路線，拋掉文在寅過往的親中路線，未來幾年勢必為韓國經濟帶來重大影響。第三是加強「根」的作戰。拜登造訪韓國的第一站就是三星，站在拜登身旁的是尹錫悅和三星副會長李在鎔，這也意味著三星加入選邊站的行列。

在2022年的韓國總統大選中，隸屬國民力量黨的尹錫悅以不到一個百分點的差距，打敗了文在寅支持的共同民主黨候選人李在明，使得韓國的政治氣候出現重大轉變，政治定位轉為親美路線，而尹錫悅也毫不遮掩其親美立場。因此，拜登上任後的首站亞洲行選擇首爾，意義當然十分重大。

尹錫悅的強力表態，補足了美國在東北亞的聯合陣線。過去幾年，文在寅的親中路線使得韓國經濟面臨重大挑戰，例如2020年韓國的GDP出現1％負成長，台灣是3.1％正成長；2021年韓國的GDP成長4％，台灣成長6.28％；而2021年台幣強力升值2.95％，韓元卻逆向貶值9.65％。

此外，蔡英文執政的第一年（2016年），台灣人均所得大約落後韓國6000美元，但已在2021年追上，兩國人均所得不相上下。至於半導體產業之爭，以前台積電的市值遠遠落後三星，如今不但領先三星，還曾晉升全球前十大市值企業行列。

在地緣政治中，半導體向來居關鍵地位，尤其美中正在打科技戰，台積電的地位更形重要。在國際上，不時有聲音傳出：不能把供應鏈押在台積電一家廠商上。因此，拜登特別造訪三星，應該會賦予三星在全球供應鏈中的新角色；換言之，拜登要把這兩家半導體巨擘牢牢掌握在手中。

這是一場「根」的戰爭

俄烏戰爭開打不久後，美國及其盟友立即對俄羅斯展開經濟制裁，從逐出SWIFT到凍結寡頭大亨財產，從凍結原油天然氣交易到取消最惠國待遇，再到跨國企業停止跨國營運，完全是一場堅壁清野的殺戮戰。

如此高規格的制裁，當然也讓中國繃緊神經。一位名為「魯不遜」的作者在微信公眾號貼出一篇評論，標題是〈俄烏背後：美國在打一場「根」的戰爭〉。此文提醒中國要建構自己的「根」，並具備更強的「根」：「俄烏戰爭的第一天，可能與軍事有關。俄烏戰爭的第十天，已經是科技的PK。俄烏戰爭的第七十六天，這已經是『根』的較量。」作者認為，這場戰爭中有三件事值得思考：一是甲骨文（Oracle）只用了3小時就「屏蔽」俄羅斯所有用戶，這家公司擁有全球最大的資料庫，占據俄羅斯半壁江山；二是全球統一金融結算系統SWIFT排除俄羅斯，在金融上切斷俄羅斯的對外貿易；三是SpaceX創辦人馬斯克啟動「星鏈」，烏克蘭得以透過星鏈衛星連結軍事行動，重新開啟被俄羅斯切斷的網路。因此，「數據庫是互聯網技術的『根』，SWIFT是金融系統的『根』，星鏈是通信系統的『根』」。

文中梳理了八種「根」的力量，點出中國的不足，因為這些「根」會影響戰爭走向。

一、晶片製造：技術之根的對抗。
二、操作系統：現代科技的軟體基石。
三、開源體系：構建統一的技術價值觀。
四、文明之根：現代文明積累的百年底蘊。
五、認知之根：站在全球的道德高點。
六、智慧之根：全球優秀人才收割機。
七、法律之根：長臂管制中的程序正義。
八、經濟之根：SWIFT的金融威力。

關於SWIFT的殺傷力，作者表示，當美國扔下金融核彈展開制裁時，俄羅斯儼然成了一座金融孤島。至於晶片製造：「沒有芯片的現代武器，基本就是一堆廢鐵……若沒有高能芯片補給，武器不過是移動的標靶。」所以，中國必須慎重思考晶片自製的能力。

台灣必須思考的「固根」戰略

拜登到訪首爾後，開宗明義指出「建構科技同盟」，外媒報導美韓合作領域可能涵蓋半導體、人工智慧、電動車與小型核子反應爐。尤其在參訪三星的工廠時，拜登特別強調，美國將與韓國等享有共同價值的國家緊密合作，強化供應鏈韌性。對此，台灣必須思考兩個問題。

首先，是韓國重新選邊站，強化了美國的抗中陣線。同樣在2022年，小馬可仕（Ferdinand Marcos Jr.）贏得菲律賓總統大選，也扭轉了杜特蒂（Rodrigo Duterte）時代完全親中的路線。此外，工黨在澳洲國會大選中勝出，打敗了原本的執政黨，新總理艾班尼斯（Anthony Albanese）強調仍會堅持一貫的抗中路線。看來，美國的印太框架缺口逐漸補強，台灣若無法參與第一輪，第二輪的「補考」必須全力以赴。

其次，半導體製造已是國防力量的延伸，台灣必須傾全力鞏固半導體製造的競爭力。從2021年起，台積電陸續到美國和日本設廠，其實都帶有重要戰略延伸的考量，半導體成為「矽盾」已相當明朗。這次美國主動拉攏三星，台積電如何鞏固核心競爭力，將是優先思考的課題。

美國針對中國的下一輪戰略，可能是進一步限制中國的成熟晶片製造。中國現有23座12吋半導體廠投產，月產能約104.2萬片，未來五年將新增25座12吋廠。到了2026年，中國

12吋晶圓廠的月產能將超過272.3萬片。

可想而知，中國必定傾舉國之力在晶片製造上突圍，因為這是一場「根」的戰爭。拜登的亞洲行帶有濃濃的「固根」意味，台灣也要好好思考「固根」戰略，才能在這場戰爭中全身而退。

四方會談劍指中國

結束亞洲行程後，拜登於2022年5月27日親臨美國海軍官校畢業典禮致詞。他指控普丁對烏克蘭發動戰爭，試圖消滅烏克蘭文化；同時提到當選總統的那一晚，習近平致電給他時反覆提及：「民主制度在二十一世紀將無以為繼，獨裁專制將統治這個世界。因為民主需要時間凝聚共識，而你們沒有這樣的時間。」

拜登當著官校學生面前說：「習近平錯了！各位在座的準軍官，當你們迎向這個世界時，不僅會以身為美軍的一分子為榮，也是我們民主的代表與捍衛者。」他特別強調，世事變化如此之快，未來十年將是本世紀決定性的十年，將為後代子孫形塑世界樣貌與價值觀：「你們畢業的時間點，正是美國歷史的轉折點，也是世界歷史的轉折點。」

在官校畢業典禮上，拜登勾勒世界大局，指責普丁打算讓整個歐洲芬蘭化，但美國支持北約盟國軍隊，反而促成歐洲北約化。提到中國時，拜登呼籲建立自由獨立的印太地區，還特別強調「我們正經歷一場專制對抗民主的全球鬥爭。美國最大的優勢，就是擁有無與倫比的全球聯盟網絡，以及建立群體關係的力量。」

從拜登的演講內容回溯到一周前的韓國行，再回溯到會晤岸田文雄，夥同剛當選的艾班尼斯和印度總理莫迪（Narendra Modi）完成「四方安全對話」，雖然最重要的訴求是維持印太經濟框架與台海穩定，但主要還是「劍指中國」。

對拜登而言，尹錫悅當選，至少補強了東北亞民主陣營體制，更重要是日本與美國的結盟。從安倍晉三到岸田文雄，日本與美國在戰略上逐漸一體化，成為最堅定的盟友。拜登這次親訪日本，定調了「民主自由與極權專制的對抗」，有如六十年前《美日安保條約》重現，幾乎將整個基調倒轉回1960年的情勢。這樣的結盟肯定牽動世界大局，尤其對日本、中國、台灣、越南和印度具有特別深遠的影響，全球最敏感的地緣政治將會發生重大改變。

民主與專制之爭誰勝誰負？我相信，最後一定會回到「以人為本」的私有財產制創富力量。台灣必須堅守民主陣營，這是唯一的選擇，不必猶豫。

2022年的嚴厲考驗

走過三個年頭順風順水的經濟成長周期，2022上半年，俄烏戰爭加大了通膨危機，逼得美國聯準會採取最猛烈的升息加縮表手段，使盡一切力量降伏通膨怪獸。全球民眾彷彿坐在顛簸的飛機上，難熬地迎向不可預知的未來。

「人無千日好，花無百日紅。」身為地球村的一員，過去三年表現亮眼的台灣，2022上半年一樣災情慘重，台幣兌美元收在29.71，半年下跌9.32％。

台股也出現慘跌窘境，加權指數大跌3393點，跌幅達18.62％，這是台股歷史上第三大跌點。最慘烈的是1990年，台股從12682點跌下來，上半年慘跌4575點。第二大跌點是2000年網路泡沫破裂，台股在下半年跌了3525點。

而且，這次台股好像搭了雲霄飛車，跌光了2021全年漲勢；更慘的是，台股成了外資的提款機。

2008年金融海嘯過後，外資開始加碼台股。在台商出走的那段歲月，外資成了台股的中流砥柱，從2009年到2017年買超1.74兆，其間只有2011年是賣超。從2018年起，外資轉而大量賣超，只有2019年出現買超，單是2022上半年就賣超了9425.2億，這是史上最高的外資賣超紀錄。累計從2018年迄今，外資賣超台股2.29兆，這是相當可怕的數字，而且集中在半導體類股。

這個上半年，外資從台積電提款了4182億，從聯電提款超過500億，光是晶圓雙雄就占了外資賣超的一半。在巨大賣超的壓力下，被視為護國神山的台積電從688元跌到440元，聯電也從72元跌到37.5元。其他晶圓代工股包括力積電和世界先進，也都出現猛烈跌勢，連IC設計龍頭聯發科的股價也幾乎腰斬。

台灣在過去三年股匯雙漲，半導體產業是中流砥柱，台積電股價節節上漲，外資一度將目標價看向1000元，如今猛然墜落對台灣經濟傷害極大。台積電資本支出龐大，同時在美國亞利桑那和日本熊本擴廠，市值從17.84兆跌到11.75兆將會造成重大影響，最終也會影響到台灣的「矽盾」實力。

從股匯雙跌開始，接下來還要面對嚴峻的經濟基本面修正，例如一向是台灣生存命脈的出口，2021年12月創下679億美元新高後已逐漸回落。2022年4月，台灣的出口總額是519億美元，年衰退5.5%，外銷接單連續24個月的成長終於譜下休止符。雖然5月的出口總額420.8億美元仍維持在高檔，但成長力度已明顯趨緩。

美國猛力升息帶來的壓力，使得全球景氣降溫箭在弦上，台灣的考驗恐怕接踵而至。2021年GDP成長率高達6.28%，2022年第一季降到3.01%，各大經濟研究機構紛紛下調台灣2022年的經濟成長率，大約落在3.8%至3.9%之間。

此外，在升息、縮表和景氣下滑的疑慮下，台灣企業的強大獲利也將面臨極大考驗。2020年全體上市櫃公司淨利2.46兆，2021年暴升到4.298兆，四個季度的淨利只有首季未超過1兆。到了2022年首季，全體上市櫃公司淨利達1.16兆元，這是史上第二高的單季獲利成績。

然而，過去五個季度的獲利有著晶圓代工、貨櫃航運和金融行業三足鼎立。接下來，晶圓代工可能面臨庫存水位升高的窘境，貨櫃航運因景氣下滑導致運價大跌；至於金融行業，則因海外投資出現虧損，加上防疫保單理賠過多折損獲利，股價領先大跌，早已預告企業獲利下修的窘況了。

步步為營，戒慎恐懼

進入2022下半年，全球持續面臨更嚴峻的政經局勢。

首先，COVID-19疫情仍在奔馳：台灣已超過400萬人確診，逾7000人病歿；全球染疫數飆破5.5億，死亡數突破630萬。這是1918年西班牙流感以來最嚴重的一場瘟疫，至今仍看不到盡頭。

其次，美國與歐洲的消費者物價指數見到8.6%的高點，這是1980年以來僅見。為了對抗通膨，美國聯準會也祭出1994年以來最嚴厲的貨幣緊縮政策。

更令人震驚的是，2022年7月8日上午，日本前首相安倍晉三親赴奈良為同黨參議院候選人助選時，竟然遭遇槍擊，左胸與頸部中彈，當場失去意識、心肺停止。送醫後搶救無效，享壽67歲。

我們常以「百年難遇」來形容史上罕見的事件，如今這些百年難遇的事件，都在2022年出現了。

俄羅斯入侵烏克蘭，堪稱二戰結束後人們見證到的少數大型戰爭；物價強力上漲，也是數十年首見。

至於安倍晉三遇刺，更為全球投下一顆震撼彈。在政治上，安倍晉三相當親美，十分挺台。2021年12月參加台灣舉辦的線上論壇時，他曾強調「台灣有事等同日本有事，也是日美同盟有事」，完全不怕得罪中國。後來，他更在2022年4月投書《洛杉磯時報》（*Los Angeles Times*），呼籲美國將「戰略模糊」改為「戰略清晰」，希望美國向全世界表明：如果中國武力犯台，美國將協防台灣。

俄烏戰爭開打後，日本開始出現不少「台灣有事」相關書籍，大多成為暢銷書，可見日人多麼關心這個議題。台海形勢如此嚴峻，力挺台灣的安倍晉三遇刺身亡，整個亞太地緣政治勢必變得異常緊繃！

兩岸關係已進入最敏感的時刻，這會牽動台灣的經濟布局，我們必須提防中國「堅壁清野」的產業競合。

從蓮霧、釋迦、鳳梨、芒果到石斑魚，中國一波接一波對台灣出手，接下來要提防台灣產業遭到更進一步制裁。過去三十年，眾多台商將中國視為主要生產基地，兩岸關係若發生劇變，台商在中國的投資可能瞬間歸零。

歷經美中貿易戰與百年大瘟疫的洗禮後，日後全球的政治風險將會凌駕經濟利益。台灣面臨百年難遇的戰爭風險與經濟挑戰，一定要重新界定敵我意識，更要全力提升國防戰力。

面對如此不確定的未來，我們沒有掉以輕心的本錢！

【後記】

裴洛西訪台的地緣政治新衝擊

2022年8月1日，美國眾議院議長裴洛西展開亞洲行，首站抵達新加坡。由於這趟行程包含台灣，中國戰狼持續拉高分貝，威脅擊落裴洛西座機和美國戰機；而美國國防部也回嗆，裴洛西若是受傷，形同對美宣戰。雙方劍拔弩張，台海情勢異常緊繃。

此趟亞洲行挑起美中最敏感的神經，親訪台灣也成了美中拔河的支點。假如裴洛西受到威脅無法來台，那就是美國示弱，勢必影響今後在亞洲的領導力；倘若裴洛西順利抵達台灣，中國戰狼也必須有所回應，才能保住顏面。

台灣處於兩強角力下，有如兩個巨無霸比腕力時支撐兩隻大手的「桌面」，也就是「支點」，完全沒有主導形勢的能力。外行人只會看熱鬧，將台灣的情勢說得十分可怕；然而，若是用一句大家都聽得懂的白話來形容，裴洛西訪台話題的背後，其實是美中兩強在較勁：「台灣，到底是誰的？」

得半導體者，得天下

雖然裴洛西訪台在兩岸引起軒然大波，促使中國拉高軍演規格，台海瞬間成為全球焦點；不過，地緣政治角力的核心焦點，還是在半導體產業。

拜登於亞洲行結束後一周，在8月9日簽署了《晶片與科學法案》（Chips and Science Act），其中涉及520億美元的晶片製造與研究補貼，以及240億美元的投資與稅務抵減，總規模達到2800億美元。而且，這項法案完全衝著中國而來，因為法案中規定，接受補貼的企業十年內不得在中國投資。

太平洋的另一邊，中國正在清理過去十年耗盡舉國之力發展芯片產業的沉痾，工信部長肖亞慶中箭落馬，由曾任航天局副局長的金壯龍接任。接著展開大清洗，長期負責芯片產業國家大基金的負責人丁文武被帶走，旗下華芯投資前總裁路軍、三名前總經理和副總也被帶走。再來是留下2000億人民幣債務的紫光集團，從趙偉國、刁石京到李祿媛都人間蒸發。這一連串整頓能不能讓中國重新造芯，各方都睜大眼睛在看。

另一個戰場在韓國，這次裴洛西出訪韓國形成變相的「摸底」，測試韓國如何選邊站。尹錫悅不敢會見裴洛西，同一時間還派遣外長朴振前往中國會見王毅，可以想見中國施壓韓國的力度。倘若韓國的態度開始猶疑，「晶片四方聯盟」（Chip 4）將會出現破洞，美日台三國重新結盟，美國也可能加持美光（Micron）在記憶體的角色，韓國未來幾年的經濟勢必充滿變數。

在這場半導體角力中，台灣扮演最關鍵的重要角色。我們的經濟總量與沙烏地阿拉伯旗鼓相當，排名全球第20，在世界經濟舞台上是個大角色，千萬不要妄自菲薄。得半導體者得天下，我們正是這場角力的核心！

台灣必須正視的問題

台灣這座島嶼不僅是半導體角力的核心，也是地緣政治風險的核心。

裴洛西訪台可能觸發西方陣營與中國徹底翻臉的引信，日後台海情勢肯定不平靜，很可能進一步印證了明居正教授的論述：「台灣會異常難受，但是很安全。」

對此，中國展開報復，台灣食品加工業者和農漁產品跟著陪葬，工業產品的產地標示也不再有模糊空間。接下來，仍在中國的台商將會遭受越來越大的壓力，兩岸的距離也會越來越遠。這個世界彷彿回到1933年希特勒執掌德國政權的時代，戰爭腳步日漸逼近。

面對逐漸升高的風險，台灣必須創造更深厚的多元價值觀，從歷史縱深尋找養分。例如四百多年前，西班牙人曾在基隆建立聖薩爾瓦多城；這些年，考古學家陸續在和平島台船廠房附近挖出古城遺址和遺骸。

再過兩年，台南即將隆重慶祝建城四百年，這段歷史緣於荷蘭人建立熱蘭遮城。當年荷蘭人應該曾與西拉雅人通婚，這讓我產生一個有趣的想法：黃偉哲市長或可舉辦一場盛大活動，在台南和荷蘭兩地驗DNA，看看多少台南人帶有荷蘭血統。

除了西班牙人與荷蘭人，法國人也來過台灣，後來是鄭成功和清朝政府，最後則是日本人統治，直到1945年二戰結束。過去那段歷史中，各方勢力輪流統治台灣，若說台灣是中國不可分割的一部分，那麼基隆也是西班牙不可分割的一部分，台南也是荷蘭不可分割的一部分，台灣更可能是日本不可分割的一部分。

四百多年來，這塊土地居住著不同種族，彼此交融與互動。所以，台灣到底是誰的，答案其實很簡單，就是這座島嶼上2300萬人共同生活、安身立命的處所。唯有這座島嶼更好，世世代代子孫才能更加美好。我們要創造多元價值，融合熱愛這塊土地的每一個人；若不認同這塊土地，可選擇離開，自行擁抱不同的價值和體制。

自由民主與極權獨裁的最大差別，就是擁有選擇的自由，也有不表態的自由，這是台灣日後要從四百多年歷史中重塑的多元價值體系。

此外，台灣必須加速落實國際化，吸引更多外國人來台工作與定居。我相信，只要有超過上百萬外國人在台灣定居，台灣將會更安全。這些年來，《今周刊》一直大聲疾呼，盡速鬆綁對於外國高階人才的不合理限制，但成效有限，這是台灣必須面對的問題。

除了這兩件事，還要鞏固台灣的資訊安全。駭客持續明目張膽攻擊台灣，政府和民間不能沒感覺。最近我提醒金管會清查金融機構是否使用中資軟體，只要稍不謹慎，金融機構可能全面癱瘓。最近英國已禁止抖音[1]，台灣也要正視此事！

接下來，則是建立企業投資中國的預警系統，所有上市櫃公司在中國的投資或借貸都要申報；一旦投資或借貸比率過高，預警機制必須有所動作。

1　編按：是一款可在智慧型手機上瀏覽的短影片社交應用程式，由中國字節跳動公司創辦。使用者可錄製15秒、1分鐘、3分鐘、10分鐘內的影片，也能上傳影片、相片等。

為了保障台灣的安全，這些都是我們必須正視的課題。

中國面臨嚴重困境

中國政府即將面對的，則是「爛尾樓」造成的金融體系崩壞。這些年來，大型房企將現金挪移到境外，運用政商關係大搖大擺從銀行搬錢，如今留下龐大債務。政府害怕一刀砍下去會動搖國本，始終不敢面對，就像身上長滿了爛瘡卻不敢割掉，貼上狗皮藥膏就以為沒事。

結果現在全國掀起爛尾樓風暴，已繳預售屋款的民眾發現，預繳款項全被銀行勾結建商拿走，房子卻蓋不出來，跑到銀行要錢也要不到，於是各省民眾紛紛展開自力救濟。

接下來，高負債建商破產將成常態，官商勾結嚴重的銀行岌岌可危，然後是不良債權浮現，呆帳危機越演越烈。

此外，中國投入大量財政資源進行維穩，同時持續擴張軍力，進行軍事演練。1980年代美蘇冷戰時期，雙方大搞軍備競賽，最後拖垮了蘇聯的經濟。蘇聯殷鑑不遠，中國豈能不慎？

過去三十年，兩岸關係穩定，受益最多的就是中國。1989年發生天安門事件後，全世界都與中國保持距離，只有台商逆向加碼投資，為中國帶來現代化管理，也帶來資本主義的貪婪。台商帶著充沛資金投資中國，扮演穿針引線的重要角色，協助中國接軌國際社會。凡此種種，皆是改變中國的巨大力量，促使中國進入「走資年代」。

現在兩岸關係緊繃，動輒喊打喊殺，台商在中國的壓力越來越大。官方找盡各種手段進行干預，台商的營運成本必定增加，最後被逼著一家一家退回台灣，或是賣給中國企業。

很多台灣人也會盡量避免前往中國工作或旅遊，因為一踏上那塊土地，就有可能莫名其妙被逮捕。在此情況下，兩岸交流更形斷裂。

台灣與中國之間出現這種堅壁清野的態勢，受到最大影響的絕非台灣，而是中國的經濟將會面臨嚴重的下行壓力！

改變體制才有希望

鄧小平曾告誡自家黨員，要懂得韜光養晦，不要意圖稱霸。畢竟「悶聲發大財」是中國崛起的重要元素，改革開放之後，貪婪因子被激盪出來，每個人都想賺錢，中國經濟因此突飛猛進。

然而，習近平卻忘了鄧小平的告誡，開始做起稱霸世界的中國夢。從此，中國與世界各國的關係出現巨大轉變。

過去三十年，美國是中國經濟的最有力推手，希望中國可以和平地融入國際社會。結果，習近平上台後卻完全不是這麼一回事，美國只好將中國當成競爭對手，現在甚至到了公開翻臉的敵對狀態。

可以想見，美國會開始運用台灣議題來刺激中國，持續出招，迫使中國不斷接招，而日見升高的對立會讓中國經濟付出慘痛代價。

此外，越來越多在美上市的中國企業可能被迫下市，過去仰賴美國金融市場吸收養分的管道逐漸被斬斷，中國的資金外逃現象將會越來越嚴重。而且，當全世界開始對中國產生戒心後，中國的新科技發展能否突圍也是嚴重挑戰。

在習近平統治下，中國窮兵黷武、脅迫世界，總有一天會面臨巨大災難。林毅夫曾誇口中國GDP必定超越美國，我認為很困難，一旦中國經濟泡沫破裂，GDP減少一半都有可能。經濟不會只有成長，中國經濟不可能不會衰退，想要調整經濟體質，就是要改變體制，建立全新的政治體制。

鄧小平的改革開放讓中國崛起，習近平的中國夢則讓中國殞落。日後有無可能產生嶄新的領導人，改變政治體制，與全世界共存共榮，就是觀察中國經濟的關鍵點。這個國家擁有相當豐富的資源，只要體制對了，奔馳起來就很快，改革開放就是鐵錚錚的事實。

我相信，有朝一日中國必定會崛起，邁向康莊大道，但絕不是在習近平這樣的領導體制下崛起。經過這些年與國際社會的劇烈摩擦，中國經濟走向全新的下行調整，未來很可能重新建構。現在，是中國發展最重要的時刻，也是中國命運最關鍵的轉折點。

焦點系列 020

變調的中國夢

財經趨勢專家謝金河觀察中國40年，深度解讀美中台三方關係，剖析世界政經局勢

作　　者　謝金河
文字協力　郭顯煒
編　　輯　許訓彰
校　　對　李雁文、許訓彰
總 編 輯　許訓彰
企畫主任　朱安棋
行銷企畫　林律涵、林苡蓁
印　　務　詹夏深
封面設計　兒日設計
內文排版　家思編輯排版工作室

出 版 者　今周刊出版社股份有限公司
發 行 人　梁永煌
社　　長　謝春滿

地　　址　台北市中山區南京東路一段96號8樓
電　　話　886-2-2581-6196
傳　　真　886-2-2531-6438
讀者專線　886-2-2581-6196轉1
劃撥帳號　19865054
戶　　名　今周刊出版社股份有限公司
網　　址　http://www.businesstoday.com.tw

總 經 銷　大和書報股份有限公司
製版印刷　緯峰印刷股份有限公司
初版一刷　2022年11月
初版八刷　2023年 7 月
定　　價　380元

國家圖書館出版品預行編目（CIP）資料

變調的中國夢：財經趨勢專家謝金河觀察中國 40 年，深度解讀美中台三方關係，剖析世界政經局勢 / 謝金河作. -- 初版. -- 臺北市：今周刊出版社股份有限公司, 2022.11
　面；　公分. --（焦點系列；20）
ISBN 978-626-7014-78-3（平裝）
1. CST: 中美關係　2. CST: 美中臺關係　3. CST: 國際經濟
4. CST: 國際政治

574.1852　　111015022